„Nicht in den Dingen liegt das Böse,
sondern im unrechten Gebrauch.“

*Kirchenvater Augustinus*

Stephan Volke

# Bis zum letzten Tropfen

## Alkohol –
## Menschenschicksale aus Serrahn

Brendow Buch Kunst Verlag

Die Deutsche Bibliothek – CIP-Einheitsaufnahme

**Volke Stephan:**
Bis zum letzten Tropfen : Alkohol – Menschenschicksale aus
Serrahn / Stephan Volke. – Moers: Brendow, 1992
(Edition C : M ; 176)
ISBN 3-87067-480-6
NE: Edition C / M

ISBN 3-87067-480-6
Edition C, Reihe M 176

Einbandgestaltung: Kommunikationsdesign Michael
Buttgereit, Haltern am See
Printed in Germany

# *Inhalt*

# *„Kennen Sie mich noch?"*

Samstag morgen in einem kleinen Dorf am Rande der Mecklenburgischen Schweiz, in der Nähe eines Erholungsgebietes der ehemaligen DDR. Der Staatssicherheitsdienst hat hier seine treuesten Informanten in Urlaub geschickt. In tollen Bungalows kosteten sie die „Freuden des Sozialismus" in vollen Zügen. Eine wunderschöne Gegend, eine Seenplatte, das norddeutsche Klima und die Anbindung an die Autobahn (mit relativ schneller Fahrtmöglichkeit auf die Insel Rügen oder in anderer Richtung nach Berlin) machten den Aufenthalt angenehm.

Nur wenige hundert Meter davon entfernt: der alte Pfarrhof in Serrahn. Hier sind diejenigen beisammen, die es im Sozialismus offiziell gar nicht geben durfte: Alkoholiker. Während die einen in ihren Villen und Bungalows die „schönste Zeit des Jahres" gebührlich feiern, wird im Pfarrhaus versucht, das Elend vieler Menschen zu beseitigen. Nicht alle wissen noch genau, wie sie hierhergekommen sind. Manche haben die Anschrift im Gefängnis für viel Geld ersteigert, andere wurden von Freunden hierhergebracht. Einige wurden von eiligen Taxifahrern einfach auf den Hof gekippt, andere kamen den langen Dorfweg hinuntergetorkelt. Doch egal wie die Leute angekommen sind, im alten Pfarrhof werden sie mit Liebe empfangen.

Samstag morgen in dem kleinen Dorf zwischen Teterow und Krakow am See. Es klopft an der Tür von Familie Nitzsche. Nach kurzer Zeit wird sie geöffnet. „Kennen Sie mich noch?" Frau Nitzsche muß zweimal hinschauen, bis sie die Frau wiedererkennt. „Ja, Eva!", ruft sie aus.

Ja, Eva! Sie hat vor zehn Jahren schon einmal vor dieser Tür gestanden. Damals sah sie nicht so gut aus. Völlig fertig und mit Schürfwunden im Gesicht war sie von ihrer zehnjährigen Tochter bis zum Pfarrhof geschleppt worden. Später wurde klar, daß sie sturzbetrunken im Krakower Bahnhof aus dem Zug gefallen war. Ihre kleine Tochter hatte sie zum nächsten Taxistand geschleift. Dann sind sie nach Serrahn gefahren. Auch den Kinderwagen mit dem neun Monate alten Jungen hat Frau Nitzsche nicht vergessen. Die Schnapsflasche lag neben ihm. Vierzehn Tage lebten sie in der Gemeinschaft im Pfarrhof. Vierzehn Tage, die sie veränderten.

Die Frau, die jetzt vor der Tür steht, hat durchgehalten. Sie ist trocken geworden. Sie kann seitdem ein anderes Leben führen. Und sie ist gekommen, um sich zu bedanken.

Wie sie haben viele Alkoholiker seit 1971 den Weg nach Serrahn gefunden. Sie suchten Hilfe. Von einigen wird in diesem Buch berichtet. Lebensgeschichten von Menschen, die ihr Leben am liebsten anders gelebt hätten. Sie konnten es nicht, weil Alkohol ihr ständiger Begleiter war. Bis sie an die Tür des alten Pfarrhofs klopften . . .

# DIETRICH:

## *„Als Trinker wird man nicht geboren"*

Wie kommen Menschen in die Situation, daß sie abhängig werden? Ist es Veranlagung? Spielt die Kindheit eine Rolle? Vielleicht falsche Freunde? Wird eine Alkoholabhängigkeit von außen aufgedrängt oder haben die Menschen selbst etwas damit zu tun? Liegen die Ursachen in ihnen selbst?

Über solche Fragen hat Dietrich Kuhnert nie nachgedacht. Warum auch, seine Kindheit verlief relativ geordnet. 1938 wurde er in der damaligen „Provinz" Polen geboren und wuchs wohlbehütet auf. Das änderte sich erst nach dem Krieg, als seine Mutter mit den drei Kindern nach Potsdam fliehen mußte. Der Vater war im Krieg geblieben, Polen ging verloren und die Deutschen wurden aus dem Land getrieben. „Aber", so erinnert sich Dietrich, „es gelang eigentlich ganz gut, uns in Potsdam anzusiedeln."

Auch wenn die Nachkriegsjahre hart waren und sich die Mutter mit ihren drei Kindern so gerade über Wasser halten konnte, absolvierte Dietrich die Schule ohne größere Probleme und machte sein Abitur. Er mußte als ältester Sohn viel im Haushalt übernehmen. Das belastete ihn aber nicht weiter. Ab 1957 studierte er Naturwissenschaften an der Uni Berlin. Weil Studenten bekanntlich nicht nur büffeln, sondern auch gesellschaftlichen Treffen nicht abgeneigt sind, wollte auch Dietrich sich hierbei nicht ausschließen: „Ich hatte immer

Kontakt zu feuchtfröhlichen Kreisen, und so nach und nach gewöhnte ich mir das Trinken an."

Das Bier floß in Strömen, es wurde Karten gespielt, und er erwies sich mit der Zeit als Alleskönner im Trinken. Wer viel trinkt, hat aber nicht nur Freunde. So störte es einige Kollegen, daß Dietrich regelmäßig als letzter am Tisch saß, während sie schon nach zehn Glas Bier die Segel streichen mußten. Nach einem Fußballspiel gossen sie ihm beim anschließenden Trinkgelage einen Viertelliter Schnaps in den Bierstiefel. Die Wirkung blieb nicht aus. Kaum hatte der letzte Schluck das Glas verlassen, knallte Dietrich rückwärts auf den Boden. Mit 21 Jahren erlebte er seine erste Alkoholvergiftung. Zu dem Zeitpunkt war aber schon für ihn klar, daß er nicht mehr ohne Alkohol leben wollte. Bei späteren Trinkgelegenheiten kam es immer wieder zu einem Kontrollverlust. Er entwickelte sich mit der Zeit zum Säufer.

### Was macht der nackte Mann im Abteil?

Während des Studiums wurde er zum Quartalstrinker. Zwar versuchte er, seine Neigung vor der Verwandtschaft so gut wie möglich geheimzuhalten, aber die Familie bekam es schnell mit. Mit Dietrich stimmte etwas nicht. Denn er trank nicht nur in Berlin während des Semesters, sondern immer öfter auch zu Hause. Der Alkohol zeigte seine Wirkung.

„Eines meiner schlimmsten Erlebnisse? Ich bin einmal volltrunken in Potsdam in den Zug gestiegen, um nach Berlin zu fahren. Kaum im Abteil angekommen, fühlte ich mich dort wie zu Hause. Ich warf alle Reisenden raus und zog mich langsam aus. Als die Bahnpolizei benachrichtigt wurde, sprang ich in der Unterhose aus dem fahrenden Zug. Am nächsten Morgen fand ich mich dann unter einem Busch wieder. Eine barmherzige Bahnwärterin gab mir eine Hose, so daß ich wenigstens nach Hause konnte", erzählt Dietrich.

Weil er dreckig war und sich nicht nach Hause traute, führte ihn der erste Weg wieder direkt in die Kneipe. Hier fiel er unter seinesgleichen gar nicht auf. Konnte er dieses Ereignis vielleicht im nüchternen Zustand noch mit einem Kopfschütteln übergehen, so spürte er die Folgen seines Alkoholkonsums wenige Zeit später drastisch. Die Diplomprüfung stand an. Statt zu lernen, hing Dietrich in Kneipen rum. Am Vorabend der Prüfung trank er sich besonders großen Mut an. Es nützte nichts. Die Prüfer merkten sofort, was mit dem zitternden Häufchen Elend los war, und gaben ihm ein Vierteljahr später eine zweite Chance. Die nahm er zwar wahr, bekam anschließend aber keine gute Stelle.

**Zuviel Trinken hat Folgen**

Braunkohlengrubengeologe erschien dem Staat für Dietrich gerade richtig, und so kam er nach Laubusch bei Hoyerswerda. Weil er sich dort nicht allzusehr danebenbenahm, erhielt er wenige Monate später eine Stelle als Mineraloge in der Nähe von Schwerin (Mecklenburg). Er rechnete nicht damit, daß sich die Trinkgewohnheiten im Norden der Republik von denen in Sachsen doch erheblich unterschieden. Gab's bisher – bis auf den ungewollten Ausrutscher durch die Studienkollegen – ausschließlich Bier, so stellte sich Dietrich schnell auf seine neue Umgebung ein und trank ebenfalls Schnaps. Das Verhängnis nahm seinen Lauf.

Weil Trinker sich nicht gerade förderlich auf die Erfüllung des Planziels auswirkten, bekam er auf seiner Arbeitsstelle viel Ärger. Mehrere Verweise und etliche Verhandlungen konnten ihn aber nicht von der Trinkerei kurieren. So wurde er dann nach Berlin in ein Stahlwerk versetzt. Es folgte eine Zeit, in der er sich ganz gut halten konnte. Weil im Sozialismus Leistung belohnt wurde, bekam Dietrich später die Stelle des Laborleiters in einem Fliesenwerk in der Nähe von Wittenberg.

Nach einer kurzen „trockenen Zeit“ hing er wieder an der Flasche. Bei einer Dienstreise in Meissen ging er dort ins Lokal von Vincent Richter und traf auf eine lockere westdeutsche Reisegesellschaft. Diese Leute erwiesen sich nach kurzer Zeit als äußerst trinkfest – und so wurde es ein feuchtfröhlicher Abend. Am nächsten Morgen fand sich Dietrich auf einer Parkbank wieder. Ein böses Erwachen, denn seine Aktentasche mit vertraulichen Dienstunterlagen fehlte.

„Was haben Sie bei den Reisenden gemacht? Worüber haben Sie sich unterhalten? Welche Beziehung haben Sie zu diesen Leuten?“ Die Fragen der Staatssicherheitsbeamten kamen im Stakkato-Stil. Hier wurde nicht lange gefackelt. Auf dem großen Schreibtisch lag die Aktentasche mit den Dienstunterlagen. Die persönlichen Sachen fehlten. Nach endlosen Verhören setzten die Stasis Dietrich unter Druck. Er müsse sich auf weitreichende Konsequenzen gefaßt machen, wenn er noch einmal so leichtfertig handeln würde. Die ersten Konsequenzen bemerkte er, als er nach dieser Dienstreise wieder in seinen Betrieb kam. Vater Staat hatte inzwischen eine andere Stelle für den unzuverlässigen Diener vorgesehen. Dietrich durfte sich auf den Weg nach Pisteriz machen und fortan im Stickstoffwerk am Karbidofen arbeiten.

## Ein staatlich geprüfter Trinker

Während der Dienstreise hatte Dietrich aber noch ein Erlebnis, das wichtig war. Auf dem Bahnhof in Risa sprach er einen Mann an, der sich als Abstinenzler erwies. Heinz Nitzsche gab ihm einige Traktate, in denen Menschen berichteten, wie sie mit ihrer Alkoholsucht fertig geworden waren. Auch ein Buch schenkte er ihm. Im Gegenzug rückte Dietrich folgenden Säuferausweis raus:

„Der Inhaber dieses Ausweises ist als ordentliches Mitglied

des Deutschen Berufstrinker-Verbandes auf Alkoholtüchtigkeit geprüft und als notorischer Säufer anerkannt. Er hat an jeder Theke Vortritt vor allen Amateur- und Gelegenheitstrinkern. Nur-Durstlöscher sind verpflichtet, ihn notfalls von allen Seiten zu stützen und ihm bei Erfüllung seiner Lokal- und Wirtschaftsaufgaben hilfreich zur Seite zu stehen. Beweise seiner Leistungskraft hat er auf Wunsch sofort auf Kosten des Herausforderers zu erfüllen. Singen – auch das Grölen unflätiger Lieder – ist ihm in allen Lautstärken und Tonarten erlaubt, wobei die Zuhörer den Takt zu trampeln und den Kehrreim mitzusingen haben. Mitglieder sind verpflichtet, nur den guten Weinbrand Le Grand V.S.O.P. von unserer Mitgliedsfirma Gebr. Knebel zu Bacharach am Rhein zu trinken. Seine zweifelhaften Witze und zotigen Redensarten stehen wie er selbst unter sittenpolizeilichem Sch(m)utz. Unsere Dauerfahne ist allen Berufs- und Gewohnheitstrinkern heilig und flattert ihnen stets voran. Diese Vorrechte der Mitglieder des D.B.V. ruhen, solange sich das Mitglied wider Erwarten in nüchternem Zustand befindet. Mit Entzug der Mitgliedskarte auf unbestimmte Zeit ist bei heimlichem Milch- und Cola-Genuß zu rechnen. Öffentliches Einnehmen nichtberauschender Getränke zieht schwere satzungsmäßige Strafen, evtl. Ausschluß nach sich. Der Vorstand."

Auch wenn er den ganz witzig fand, letztlich versuchte er, von seinen eigentlichen Problemen abzulenken. Man tauschte die Anschriften aus. Während der Heimfahrt las Dietrich in dem Buch und erkannte, wie sinnlos sein Leben war. Seit langem dachte er mal wieder an Gott. Früher im Konfirmationsunterricht hatte er von ihm gehört. Heinz Nitzsche hatte ihm noch den Rat mit auf den Weg gegeben, Kontakt zu Christen zu suchen. Zu Hause angekommen, ging Dietrich regelmäßig zu den Gottesdiensten einer landeskirchlichen Gemeinschaft. Auch fing er an, regelmäßig zu beten. Das Alkoholproblem bekam er so in den Griff, daß er zwei Jahre ohne leben konnte. Die Kontakte zu Heinz Nitzsche und zu einer örtlichen AGAS-Gruppe (Arbeitsgemeinschaft zur Abwehr von Suchtgefahren) halfen ihm dabei.

Daß ein Zusammenhang zwischen dem christlichen Glauben und der scheinbar nicht mehr vorhandenen Alkoholabhängigkeit bestand, merkte er später. Nach einem erneuten Stellenwechsel arbeitete Dietrich als Ingenieur in der technischen Kontrollorganisation eines Stahlwerks, nahe seines Heimatortes. Aber der Betrieb wollte nicht nur einen guten Arbeiter, sondern auch einen guten Staatsbürger. So sollte er politisch Farbe bekennen. „Da wirkte sich mein Christsein negativ aus. Ich wollte fortan nur noch in meinen vier Wänden Christ sein. Nach außen wollte ich ein guter Staatsbürger sein." Doch dabei blieb es nicht. Dieser Versuch endete mit einem schweren Rückfall. Ein Bäckermeister, der Christ war, kümmerte sich intensiv um Dietrich – und so kam sein Leben mit der Zeit wieder ins Lot.

**Eine nicht bestandene Prüfung**

In den folgenden fünf Jahren setzte Dietrich sich sogar als Laienprediger im Gottesdienst ein. Aus dem liederlichen Wandel war ein ordentlicher geworden. Er konnte nüchtern leben. Aber: Wer einmal Alkoholiker war, bleibt es sein Leben lang. Für Dietrich kam eine kritische Zeit, als er als sogenannter „Halbjahresreservist" noch einmal zu einer Übung bei der NVA eingezogen wurde.

Die Teilnahme am Entlassungsgelage wurde ihm zum Verhängnis. In der Euphorie über die abgelegte Dienstzeit griff er zum ersten Glas. Es folgten drei Tage im Suff. „Gott half mir auch da raus", erinnert er sich noch genau an diese Situation. „Aber in den nächsten zwei Jahren lebte ich sehr inkonsequent. Ich bildete mir ein, mäßig trinken zu können.

Meistens heimlich. Von meinem Betrieb wurde ich auf Dienstreisen geschickt. Oft trank ich, wenn ich von zu Hause entfernt war."

1976 war Dietrich dann wieder am Ende. Er sah ein, daß mäßiges Trinken für ihn kein gangbarer Weg war. Er machte einen Neuanfang mit Gott. Dieser Anfang hielt bis heute. Auch als er wegen seiner späteren „politischen Sterilität" von Parteibossen und Vorgesetzten gehetzt und gehänselt wurde. Auch wenn keine Dienstbesprechung verging, ohne daß er von Arbeitskollegen wegen seines Glaubens hochgenommen wurde. Heute resümiert er: „Ich habe bis zur Wende eine unruhige Zeit mit vielen Verstrickungen erlebt. Trotzdem bin ich bewahrt geblieben."

# HEINZ:

## *„Ein brennendes Herz für Randgruppen"*

Schon wieder auf Montage. Schon wieder in diesen Baracken leben. Zu weit entfernt für einen abendlichen Abstecher nach Hause. Was bleibt einem da anderes übrig, als den Tag mit Alkohol zu beenden? Die Karten werden ausgepackt, der Kasten Bier wird angebrochen. Doch was ist das? Von den acht Leutchen auf der Bude faltet einer die Hände und betet, bevor er die Flasche ansetzt. Kein Wunder, daß der nie besoffen ist, wenn er vor der Flasche Bier die Hände faltet . . .

Heinz Nitzsche hat Autoschlosser gelernt und ist nun als Kraftfahrer für seine Firma, die Überspannleitungen baut, unterwegs. Auf Montage im Spreewald wohnen etwa 100 Mann in einer Baracke. Da spricht es sich schnell rum, wenn einer anders ist. An Heinz Nitzsche fällt auf, daß er weiß, wann genug ist. Während sich andere vollaufen lassen und Karten kloppen, sitzt er oft in seinem Zimmer und liest in der Bibel. Zur Abwechslung wird er manchmal ins Nachbarzimmer gerufen: „Pastor, wenn du unser Freund bist, dann komm rüber und bring deine Bibel mit." Für ihn ist das wie eine Bibelschule. Hier kann der junge Christ Erfahrungen sammeln, wie sonst nirgendwo.

Mit Leuten, die zuviel trinken, hat er schon Erlebnisse gehabt. So fällt ihm der Umgang mit seinen Kumpels nicht schwer. Aber er weiß damals noch nichts davon, daß es kirchliche Einrichtungen gibt, die sich um Randgruppen, und besonders um alkoholabhängige Menschen kümmern. Ihm brennt es nur schon seit längerer Zeit unter den Nägeln, Menschen mit Problemen auf diesem Gebiet zu helfen. Da kommt es ihm entgegen, daß viele Alkoholiker die Gemeinschaft mit Gleichgesinnten suchen. Ihnen will er ein Hilfsangebot machen.

**Vom Wein zum Wasser**

Kurze Zeit später erfährt er von einer kirchlichen Arbeit, die sich AGAS nennt. Diese „Arbeitsgemeinschaft zur Abwehr von Suchtgefahren" will ebenfalls helfen. Da liegt es nahe, sich zusammenzutun. Die Mitarbeiter der AGAS trinken aber selbst keinen Tropfen Alkohol. Sie wollen anderen mit einem guten Beispiel vorangehen. Heinz unterschreibt eine Enthaltsamkeitserklärung: „Ich konnte doch nicht den Leutchen Wasser predigen und selbst Wein trinken. Ab diesem Zeitpunkt habe ich keinen Alkohol mehr getrunken. Auch bin ich seitdem bewußt den Alkoholkranken nachgegangen."

Nach seiner Montagezeit ist er wieder in Risa beim Kraftverkehr Meissen tätig. Er hat den Auftrag, junge Leute auf die LPG (einen staatlichen Landwirtschaftsbetrieb) zu bringen. Obwohl er dafür eigentlich keine Zulassung hat, muß er die Lehrlinge jeden Tag zur Arbeit fahren. Für ihn eine willkommene Gelegenheit, sie zur christlichen Jugendstunde in seine Gemeinde einzuladen. Eine Jugendarbeit beginnt, zu der abends ca. 40 bis 50 Jugendliche kommen.

Eines Abends fährt Heinz von der Arbeit bewußt einen Zug später nach Hause. Er hofft, vielleicht noch einen Alkoholiker auf dem Bahnhof zu treffen, dem er helfen kann. Und tatsächlich: Im Bahnhof in Risa kommt ein Mann auf ihn zu und spricht ihn an. Heinz Nitzsche erkennt schnell, was mit ihm los ist. Es stellt sich heraus, daß Dietrich – so heißt der Mann – auf einer Dienstreise ist. Er arbeitet in einem Stickstoffwerk und bekennt freimütig: „Ich bin Periodentrinker. Alle drei bis vier Wochen überkommt es mich, und dann muß ich tagelang trinken." Die Anschriften werden ausgetauscht und noch etwas: Das christliche Traktat löst bei Dietrich die Herausgabe eines humorvoll aufgemachten „Trinkerausweises" aus. „Äußerlich prahlte er mit seiner Sauferei, aber innerlich war er völlig zerbrochen", erinnert sich Heinz an diesen Mann. Es kommt zu gegenseitigen Besuchen und zu einem Briefwechsel.

Inzwischen hat der Leiter der AGAS-Arbeit, Dr. Siegfried Stark, von dem Engagement des jungen Christen aus Risa gehört. Er fragt ihn, ob er nicht hauptberuflich in die AGAS-Arbeit einsteigen wolle. Nach einigem Hin und Her, nach mehrmaligem Überdenken entschließt Heinz Nitzsche sich, vollzeitlich diese Arbeit zu übernehmen. Da die AGAS-Mitarbeiter theologisch geschult sein müssen, geht auch Heinz zunächst einmal auf die Bibelschule Falkenberg, deren Leiter Pastor Uwe Holmer ist. Doch bevor er die Ausbildung beenden kann, wird er von der Nationalen Volksarmee eingezogen. Die Kaserne liegt auf Usedom, von wo aus er das Mecklenburger Land kennenlernt. Es sollte für ihn wichtig werden.

## Eine missionarische Grundeinstellung

„Ich habe den Wehrdienst mit der Waffe bewußt nicht abgelehnt, sondern eher den Bausoldatendienst. Das habe ich dem Wehrkreiskommando auch schriftlich mitgeteilt. In diesem Brief schrieb ich auch, daß ich ‚unbedingten Gehorsam' nur Gott zu leisten hatte." Das ist ein gefundenes Fressen für den Staat. Heinz erhält eine schriftliche Vorladung. Bei der Verhandlung wollen die Soldaten ihm in den Mund legen, daß er den Wehrpaß nicht annehmen wolle. Doch er läßt sich auf das

Spielchen nicht ein. Natürlich nähme er den Wehrpaß an. Hätte Heinz ihn nicht angenommen, wäre er ins Gefängnis gekommen. Die Beamten halten ihn trotzdem für wehruntauglich und schicken Heinz Nitzsche zu den Bausoldaten.

Für ihn eine große Chance, dort von seinem christlichen Glauben zu erzählen. Die Bausoldatentruppe ist nämlich ein bunt zusammengewürfelter Haufen. Nicht nur mit seinesgleichen kann Heinz sprechen, sondern auch mit den Baupionieren und den Offizieren. Als er einen Politoffizier nach einem Tonbandgerät und einem Diaprojektor fragt, um seinen Kameraden eine christliche Diaserie zu zeigen, besteht dieser darauf, daß er sie auch den Baupionieren vorführt.

Natürlich hat Heinz Nitzsche bei den Offizieren schnell einen Spitznamen. „Whiskey" nennen sie ihn, weil er den und jegliche anderen alkoholischen Getränke verabscheut. Einmal in diese Ecke gestellt, ergeben sich aber viele gute Gespräche. Bei den meisten Gelegenheiten gibt's Alkohol. „Eigentlich verständlich, denn die Offiziere waren arme Hunde. Sie wurden rumgeschubst und konnten versetzt werden, wie es den Oberen gefiel. Auch konnte ihr Dienst ohne Begründung verlängert werden. Viele mußten ihren Ärger runterspülen."

Nach dieser Bausoldatenzeit beendet Heinz sein Studium an der Bibelschule Falkenberg und wird danach in Dresden für eine Alkoholikerarbeit von der Stadtmission angestellt. Von Anfang an läßt er Alkoholiker in seinem Zimmer übernachten. Wenn er abends über den Bahnhof schlendert, nimmt er sie mit, gibt ihnen zu essen und versucht, wenn sie nüchtern geworden sind, mit ihnen ein Gespräch zu beginnen. Er stellt in sein kleines Büro ein Doppelstockbett, um besser helfen zu können. Als ein Mitarbeiter für Mecklenburg gesucht wird, um dort die AGAS-Arbeit zu übernehmen, kommt Heinz Nitzsche ins Grübeln. Das Land kennt er von der Bausoldatenzeit, die Arbeit würde ihn auch reizen, aber was ist mit Dresden? Eine Besinnungswoche der AGAS, wo alle Mitarbeiter zusammenkommen, wird 1970 zu einem entscheidenden Punkt. „An dieser Woche nahmen auch Frauen aus Mecklenburg teil. Sie beteten für einen hauptamtlichen Mitarbeiter. In diesem Moment wußte ich, daß ich gemeint war. Ich begann mit den ersten Vorbereitungen, so daß, wenn ich einen Nachfolger für Dresden gefunden hatte, ich dann nach Mecklenburg gehen konnte."

**Ein brennendes Problem**

Heinz Nitzsche zieht zunächst nach Lüdershagen bei Güstrow. Dort steht ein altes Pfarrhaus leer. Der Schwerpunkt seiner Arbeit soll in den größeren Städten liegen: Rostock, Schwerin, Ludwigslust und Hagenow. Von Anfang an wird bei der Arbeit auf eine breite kirchliche Basis geachtet. Heinz hält als „Landesbeauftragter für Suchtgefahren" Vorträge und Informationsabende in verschiedenen Kirchengemeinden und versucht, auf das Problem des Alkoholismus aufmerksam zu machen. Gar nicht so einfach, stößt er damit doch vor allem bei staatlichen Organen auf wenig Gegenliebe. Alkoholiker, so die offizielle sozialistische Version in dieser Zeit, gäbe es in der DDR nicht. Und wenn, dann seien sie nur ein Überbleibsel des Restkapitalismus. Doch weil sich das Leben nicht nach Statuten und Vorschriften richtet, gibt es sie in der Realität eben doch, die Menschen mit Alkoholproblemen. Und es gibt auch den vermeintlichen Seelentröster aus der Flasche, der sich bei vielen bereits nach kurzer Zeit als heimtückischer Geselle herausstellt.

Der neue Reisesekretär führt sich in Lüdershagen übrigens nachhaltig ein. Vor dem Pfarrhaus stehen zwei große Lindenbäume. In einem ist ein Bienenschwarm, im anderen ein Hornissenschwarm. Abends schwirren die Hornissen am Fenster entlang und lösen bei Heinz ein komisches Gefühl aus. An einem Sonntag will er, weil er Gäste erwartet, das Problem auf die schnelle Art lösen. In dem Baum ist nichts zu sehen außer einem kleinen Loch, das wohl als Eingang diente. Heinz steckt einen brennenden Lappen in dieses Loch. Kaum zwei Minuten später steht der ganze Baum in Flammen. Die Feuerwehr kommt und zieht viele Schaulustige hinter sich her. Jetzt weiß es das ganze Dorf, daß Heinz Nitzsche seine Arbeit begonnen hat.

„Für mich wurde das übrigens zu einem Bild für viele Alkoholiker. Äußerlich muß nicht unbedingt etwas zu sehen sein, aber innerlich kann trotzdem alles morsch und hohl sein!"

## Vom ersten Tag an Alkoholiker aufgenommen

Als einige Monate später der Pfarrhof in Serrahn frei wird, zögert der rührige Fachmann in Alkoholikerangelegenheiten keinen Moment. Dieser Ort liegt zentral in Mecklenburg. Von hier aus läßt sich gut arbeiten. Dazu bieten die Räumlichkeiten genug Platz. Hier können Freizeiten angeboten werden. Für die Arbeit mit Alkoholikern, die Heinz seit 1971 mit im Haus hat, sind diese Freizeiten besonders wichtig, denn sie bieten soziale Kontakte, die viele Alkoholiker schon lange nicht mehr haben.

Serrahn steht aber unter besonderer Aufsicht der Staatssicherheit. Die kirchlichen Aktivitäten schmecken den SED-Bonzen überhaupt nicht. So wird ein errichtetes kirchliches Erholungsheim kurz nach dem Bau versiegelt. Inoffizielle Begründung: Solange die FDJ nicht so ein Erholungsheim hat, braucht's die kirchliche Jugend auch nicht ...

„In dieser Zeit, wo Serrahn ohnehin schon unter Druck stand, fing ich diese neue Arbeit an. Das gab natürlich Schwierigkeiten. Beim Rat des Kreises war einer angestellt, der für die Abteilung ‚Kirchenfragen' zuständig war. Den schickte die Stasi dann immer los, um mit mir Gespräche zu führen."

Heinz werden bis 1977 unaufhörlich Beschwerden über seine Arbeit vorgelegt. Er kümmerte sich um die Angelegenheiten des Staates und er würde Leute aus dem Arbeitsprozeß rausreißen. Doch das kann die Arbeit letztlich nicht behindern.

Heinz Nitzsche weiß um die Notwendigkeit der geistlichen, seelischen und körperlichen Betreuung. Die Männer müssen beschäftigt werden, um aus ihrer Sinnlosigkeit rauszukommen. Bis heute beschränkt sich die Arbeit fast nur auf Männer. „Am Anfang wohnten drei bis fünf Leute bei mir", erzählt der Initiator des Diakonischen Zentrums in Serrahn. „Natürlich war es für das Diakonische Werk nicht einfach, diese Menschen finanziell zu tragen. So bekam ich immer wieder Auflagen, was die Aufnahmekapazität anging, weil eine große Arbeit einfach nicht zu finanzieren war. Damals fing ich an, andere Wege zu suchen. Wir haben mit einem Garten begonnen und bald auch mit Landwirtschaft. Ob wir Schweine halten durften, hat zwar im Kirchenvorstand von Serrahn erstmal für einige Stunden Diskussionsstoff gesorgt, aber durch die Möglichkeit der Viehhaltung konnten wir unser Therapiekonzept aufbauen."

Das erste Weihnachten in Serrahn mit „seinen Männern", wie er die Alkoholiker nennt, feiert Heinz gemeinsam mit Dr. Richter. Er ist Facharzt für Neurologie und Psychiatrie und leitet das Diakonissenkrankenhaus in Elbingerode. Er hilft, wenn ärztlicher Rat erforderlich ist.

## Kein Alkohol, viel Gebet und Arbeit

In der Anfangszeit ist es Nitzsche schon wichtig, „seine Männer" auch in den umliegenden Landwirtschaftsbetrieben unterzukriegen. „Als die aber hörten, ich wolle Alkoholiker bringen, winkten sie ab. Sie hatten nämlich selbst genug Probleme damit."

Doch in diesem Punkt hilft die „Stasi" Mitte der siebziger

Jahre unwissentlich kräftig nach und sorgt für Beschäftigung. Durch eine falsche Beschuldigung und den anschließenden „Lokaltermin" bekommt Heinz Nitzsche Kontakt zum Betriebsleiter eines großen LPG-Betriebes, der sich einige Tage später bereit erklärt, Nitzsches Männer zu beschäftigen. Ein weiteres Problem scheint gelöst. Erst mit der politischen Wende Ende 1989 verändert sich auch der Arbeitsmarkt. Es wird immer schwieriger, für die Männer geeignete Arbeitsstellen zu finden. So kommt es darauf an, selbst verstärkt für Beschäftigung zu sorgen. Ein Arbeitsplan im Haus regelt die notwendigen Reparaturen und täglichen Arbeiten wie Küchendienste usw. Es geht bei dem Therapiekonzept darum, die ehemaligen Alkoholiker an einen geregelten Tagesablauf zu gewöhnen. Für viele hat die einzige Regelmäßigkeit am Tag im Trinken bestanden.

Außerdem wird auf ein gutes Freizeitprogramm geachtet. Reiten, Schwimmen und vor allem Gemeinschaftssport stehen auf der Tagesordnung. Die Männer sollen erleben, daß sie nicht isoliert sind, sondern daß sie mit anderen, die vielleicht ähnliche Probleme haben, gemeinsam etwas unternehmen können.

Der Tag beginnt oft schon um 5.30 Uhr. Dann müssen die ersten frühstücken, die außerhalb arbeiten. Für die anderen, die im und rund ums Haus zu tun haben, fängt der Tag um 6.45 Uhr mit Frühsport an. Nach dem Duschen und dem Zimmeraufräumen wird gefrühstückt. Dann kommt eine kurze Morgenandacht. Daran schließen sich verschiedene Arbeiten in Haus und Hof an. Im Sommer geht's auf die reichlich vorhandenen Felder – man betreibt selbst Viehzucht –, im Winter wird im Haus gebaut. Der missionarische Schwerpunkt der Arbeit verlagert sich auf die Abendandacht. Denn auch das gehört von Anfang an zum Konzept: der Glaube, daß nur Gott allein den Menschen letztlich aus ihrer Misere heraushelfen kann. Bis heute sind die täglichen Andachten, der besondere

Bibelabend und der sonntägliche Gottesdienst für alle Betreuten absolute Pflicht. „Wer hierherkommt, weiß, daß er in eine kirchliche Einrichtung kommt. Wer da nicht dran teilnehmen will, der muß nicht zu uns kommen, der kann zur Klinik gehen oder woandershin. Wer an den Andachten nicht teilnehmen will oder nicht zum Gottesdienst geht, der kann hier nicht bleiben", erklärt Heinz Nitzsche und fügt direkt ein nettes Anekdötchen hinzu:

„In den Andachten geht es natürlich für Neuankömmlinge zunächst ein bißchen fremd zu. Wir falten die Hände und neigen uns zum Gebet. Da haben wir einmal erlebt, daß ein Neuer zu einem anderen gesagt hat, ‚Moment, was geht denn hier jetzt los?'. Der antwortete ihm: ‚Mach erst mal mit, morgen hast du dich dran gewöhnt!'"

Der langjährige alleinige Leiter der Arbeit – heute teilt er sich diese Aufgabe mit Pastor Uwe Holmer – berichtet, daß sich die meisten der Betreuten im Laufe der Zeit geöffnet hätten. „Wenn auch nicht jeder zum lebendigen Glauben kommt, bleibt doch bei allen etwas hängen." Deshalb wird jede Andacht mit dem „Vaterunser" abgeschlossen. Wenn einzelne sonst nichts mitnehmen, das bliebe doch im Gedächtnis, meint er.

## Hilfe für Strafgefangene

Doch Heinz Nitzsche kann die Arbeit natürlich nicht allein bewältigen. Zum einen hat er eine Familie, die sich voll einbringt, zum anderen arbeiten an die zwanzig Mitarbeiter in der Einrichtung in Serrahn und dem Nachsorgezentrum in Linstow. Dort stehen in einem Pfarrhaus zwölf Plätze zur Verfügung. Außerdem gibt es im Dorf eine Wohngemeinschaft, in der fünf Ehemalige wohnen. Die Arbeit ist dem Diakonischen Werk Schwerin unterstellt, das wiederum mit der Wende dem Diakonischen Werk in Stuttgart zugeteilt wurde.

Es hat sich von Anfang an ergeben, daß viele Alkoholiker aus Haftanstalten an Heinz Nitzsche und seine Mitarbeiter herangetreten sind. Auch wenn es verboten ist, findet Heinz bis zur Wende doch immer wieder Wege, in die Gefängnisse in Bautzen, Brandenburg oder Bitzel. Immer wieder wird von der Stasi versucht, solche Besuchstermine zu verhindern, trotzdem gelingt es ihm. Die in den siebziger Jahren beschlossenen Gesetze zur Wiedereingliederung von Strafgefangenen machen es zwar schwer, daß diese Leute nach ihrer Entlassung direkt nach Serrahn können, aber da eine Wiedereingliederung dort geschehen soll, wo es für die Betroffenen am besten ist, wird manches machbar. Auch werden einige Gerichtsbeschlüsse zurückgenommen. Bis 1977 hat der Staatssicherheitsdienst die Arbeit in Serrahn so durchleuchtet, daß er nicht glaubt, neues Material zu finden. Danach ist vieles möglich.

Die offiziellen 25 Betten reichen bei weitem nicht aus. Die Männer wechseln relativ häufig. Die Anfragen sind kaum zu bewältigen. So kommt es vor, daß Nitzsches auch in ihrem Privathaus immer wieder Hilfesuchende für eine gewisse Zeit aufnehmen. Vielen wird geholfen, aber manche kommen mit dem „frommen Drumherum" nicht zurecht und verlassen den Hof wieder. Andere fühlen sich nach einigen „trockenen Wochen" stark genug, es weiter alleine zu probieren. Wieder andere müssen das Zentrum verlassen, weil sie wieder zu trinken beginnen. „Wenn man Alkoholikerarbeit betreibt, sollte man die Erwartungen nicht zu hoch ansetzen. Außerdem muß man in großen Zeiträumen rechnen", sagt Heinz Nitzsche.

**Für immer geheilt?**

Ob jemand für immer geheilt ist, kann ohnehin niemand sagen. Alkoholiker sind bis an ihr Lebensende gefährdet. Schon ein kleiner Schluck oder eine Weinbrandbohne können einen Rückfall verursachen. Interessant ist, wie sich die Arbeit in

Serrahn selbst versteht und wie sie aufgebaut ist. Im wesentlichen geht es um das Zusammenleben. Hier haben die Mitarbeiter des Zentrums ihren eigenen Stil gefunden. Es ist wichtig, daß die Männer neues Vertrauen fassen. „Darüber hinaus wollen wir ihnen unseren Glauben weitergeben. Sicher ist der Glaube nicht jedermanns Sache, aber dort, wo sich Menschen dem Glauben öffnen, erfahren sie eine Kraft, die befreit. Wir haben das mit vielen Männern erlebt. Aber wir haben auch erlebt, daß manche trocken geworden sind, ohne Christen zu werden", resümiert Heinz.

Über Erfolgsquoten spricht er nicht gerne. „Ich denke, wir würden den Ärzten weh tun, wenn wir prozentual genau erfassen würden, wie viele Menschen bei uns trocken werden. Wir würden keinem einen guten Dienst erweisen, wenn wir mit Zahlen hausieren gingen." Aber Mitarbeiter berichten, daß sich die Ergebnisse wirklich sehen lassen können. Vielen wird in Serrahn geholfen. Etliche finden darüber hinaus zu einem Leben mit Jesus Christus.

Schwierigkeiten gibt's natürlich auch. Nach der Wende ist ein ungeheurer Papierkram und Bürokratismus über die Mitarbeiter hereingebrochen. „Früher habe ich schnell und unkompliziert gehandelt, wenn ein Alkoholkranker vor meiner Tür stand. Das mache ich heute zwar auch noch, aber es ist mit erheblich mehr Aufwand verbunden. Ich muß heute erst einmal den Kostenträger ausfindig machen. Aber ich denke, Jesus hat auch nicht nach dem Kostenträger gefragt, sondern er hat gehandelt und er hat geheilt. Es liegt uns einfach am Herzen, schnell und unkompliziert zu helfen."

Auch Arbeitsstellen zu finden ist schwieriger geworden. Im Herbst 1991 ist auf dem Hof eine Scheune abgebrannt. Viele Tiere sind gestorben. Ein Teil der Therapiearbeit auf dem eigenen Gelände mußte umgestellt werden. Trotzdem gilt, was Heinz Nitzsche Anfang 1991 in einem Interview zum zwanzigjährigen Jubiläum des Diakonischen Zentrums in Serrahn sagte: „Wenn ich die Jahre an mir vorüberziehen lasse, dann kann ich sagen, ich habe viel Mut, um die Arbeit weiterzumachen. Ich habe keinen Grund zu resignieren. Ganz im Gegenteil. Wir sehen, wie Gott diese Arbeit gesegnet hat, und vertrauen ihm, daß er auch in Zukunft für uns sorgt."

# MARTINA:

## *„Der Mantel der Liebe paßt jedem“*

„Wohin wollen Sie?“ Der Taxifahrer traut offensichtlich seinen Ohren nicht. Bereits zum vierten Mal stellt er dem jungen Mädchen, das am Krakower Bahnhof in seinen Wagen stieg, diese Frage. Und bereits zum vierten Mal kommt die Antwort: „Nach Serrahn!“ Ungläubig schüttelt der Fahrer den Kopf, als sie in Kuchelmiß am Gasthof „Zum Nebeltal“ auf die schmale Straße nach Serrahn biegen. „Wohin denn da?“ – „Auf den Pfarrhof!“ Schon wieder fragt er nach: „Wollen Sie wirklich auf den Pfarrhof?“

Er kennt den Weg dorthin genau. Unzählige Male hat er betrunkene Männer zum Diakonischen Zentrum in Serrahn gefahren. Aber noch nie ein so junges Mädel. Was ihn auch erstaunt: Sie sieht nicht nur nett aus, sondern hat mit Sicherheit keinen Tropfen Alkohol getrunken. Was will sie also dort? Als Martina an diesem Tag auf dem Pfarrhof in Serrahn aus dem Taxi steigt, schießt es ihr durch den Kopf: Das wird deine neue Heimat!

## Als Kind mit dem Vater in die Kneipe

Sie hatte schon viel von Serrahn gehört, war selbst schon einige Male zu Bibelfreizeiten auf dem Hof gewesen. Martina wußte also, was auf sie zukam. Auch mit Alkoholikern hatte sie Erfahrungen gemacht. Ihr Vater trank. Seine Probleme mit hochprozentigen Getränken gingen an der Familie nicht spurlos vorüber. Und das, obwohl sie Christen waren. „Aber", so berichtet Martina Nitzsche, „unsere Mutter hat uns den Vater nur lieb gemacht! Sie sagte immer: ‚Wir müssen unseren Vater liebhaben und für ihn beten.'" Damals wurde in Martina bereits eine Liebe für Menschen geweckt, die ganz unten sind, für Leute, die in der Gosse liegen, die am Ende sind.

Natürlich hat sie negative Erlebnisse mit ihrem Vater gehabt. Da ihre Mutter – die seit vielen Jahren ebenfalls auf dem Pfarrhof in Serrahn mitarbeitet – für den Unterhalt der fünfköpfigen Familie sorgen mußte, verbrachte Martina viel Zeit bei Nachbarn und bei den Großeltern. Sie halfen tatkräftig mit, um die Sorgen in der Familie nicht noch größer werden zu lassen, als sie ohnehin schon waren. Aber an den Wochenenden wurde Martina von ihrem Vater nach Hause geholt.

„Wir sind dann unterwegs meistens noch in eine Kneipe gegangen. Weil ich dachte, wir würden sofort nach Hause gehen, hatte ich oft nur eine dünne Jacke an. Ich kann mich erinnern, wie ich einmal in dieser Kneipe auf einem Tisch eingeschlafen bin, während mein Vater trank. Immer wieder wachte ich auf und fragte ihn, ob wir nicht bald nach Hause gehen würden. Seine Antwort blieb immer gleich: ‚Ja, das Bier trinke ich noch aus, und dann gehen wir . . .' Aber jedesmal, wenn ich aufwachte, schien ein neues Glas da zu stehen. In dieser Zeit habe ich viel gefroren, und diese Nächte, die ich mit meinem Vater in der Kneipe zugebracht habe, waren ein richtiger Horror für mich."

„Aber die Liebe meiner Mutter", fügt Martina hinzu, „hat

diese Erlebnisse bei weitem überstiegen." Auch wenn die drei Schwestern keinen Hunger zu leiden hatten, so merkten sie doch, daß ihre Mutter immer sehr gut haushalten und rechnen mußte. Schon früh kam Martina mit AGAS-Gruppen in Kontakt. Auch nahm sie an Konferenzen teil. Auf einer dieser Konferenzen, sie war gerade zehn Jahre alt, lernte sie Heinz Nitzsche kennen. Den Hauptgrund, warum Serrahn später ihre neue Heimat werden sollte.

**Eine Frau auf der Weide**

In ihrer Jugendzeit half Martina bei kirchlichen Kinderwochen mit. Eine wurde von Heinz Nitzsche im Erzgebirge gehalten. Gemeinsam mit zwei Söhnen von Pastor Uwe Holmer, der 1991 in die Leitung des Diakonischen Zentrums einstieg, war Heinz für die Andachten und ein interessantes Freizeitprogramm verantwortlich. Die beiden Jungs hielten dankenswerterweise für den damals 28jährigen AGAS-Mitarbeiter Ausschau nach einer passenden Frau. Dabei blieben sie bei Martina hängen, der Köchin für die Freizeitgruppe. Sie zogen Heinz oft damit auf und fragten ihn, wann er denn endlich mal zu heiraten gedenke. Doch diesmal schoß er zurück: „Och, ich schicke meine Frau noch mal ein Jahr auf die Weide!"

Buchstäblich ein Jahr später fand die Episode statt, mit der diese Geschichte begann. Martina fuhr mit dem Taxi auf den Hof. Als sie ausstieg, dachte nicht nur sie an ihre neue Heimat. Auch Heinz dachte, als er sie sah, daß mit ihr die Hausmutter des Anwesens aus dem Auto gestiegen war. Doch das sollte noch etwas dauern . . .

„Zuerst dachte ich: ‚So 'n Quatsch! Da bildest du dir bestimmt nur etwas ein', also begann ich die anstehende Bibelwoche in Serrahn wie viele vorher. Wir haben nichts zueinander gesagt, ich habe einfach meine Arbeit gemacht", erinnert sich Martina genau an diese Zeit. Bei der Arbeit stand sie aber nun unter ständiger Beobachtung. Nicht der Staatssicherheitsdienst, sondern Heinz Nitzsche warf ein besonderes Auge auf die Achtzehnjährige. Der pfiffige Hausherr hatte für sie ganz besondere Aufgaben parat. „Ich ließ sie Gardinen flicken und einige Dreckarbeiten machen. Sie hat überall zugegriffen und mitgemacht. Das hat mich beeindruckt."

Die Jugendbibelwoche ging zu Ende, und Heinz wollte sich von dem Mädel nicht so recht trennen. Zwar hatte er ihr seine Liebe noch nicht „gebeichtet", aber irgendwie schien er auch von ihrer Seite her Sympathie zu spüren. Deshalb fragte er sie, ob sie vielleicht noch über die Freizeit hinaus einige Zeit bleiben könnte. Es gäbe noch genug zu tun. Martina war dazu bereit. In den darauffolgenden Tagen durfte sie ihre „Serrahn-Tauglichkeit" tatkräftig unter Beweis stellen.

Als der Abschiedstag schon abzusehen war, lud Heinz sie ein, einige Leute zum Bahnhof zu bringen. Anschließend würde er mit ihr noch Hausbesuche machen. Bei einem dieser Hausbesuche kamen sie in ein Chaos und mußten bei dem Betreffenden „erst mal Razzia machen". Für Martina ein wichtiges Erlebnis: „Ich bin sehr dankbar, daß ich das erlebt habe. Es war wichtig für die Arbeit, die vor mir lag." Auf der Rückfahrt schaltete Heinz auf einmal sein Auto einen Gang zurück, schaute seine Auserkorene ernst von der Seite an und fragte: „Sag mal, Martina, könntest du dir vorstellen, meine Frau zu werden?" Mit dieser sehr dezenten Frage löste er bei seiner Beifahrerin erst mal ein längeres Schweigen aus. Ein Stein fiel ihm vom Herzen, als er dann plötzlich ein leises „Ja, ich mach's!" vernahm. Am 2. Juni 1972 wurde geheiratet. Seitdem sind Martina und Heinz Nitzsche gemeinsam in der Arbeit in Serrahn tätig.

## Wie eine Großfamilie

War die Arbeit damals noch in einem relativ bescheidenen Rahmen, so wuchs sie beständig. Zunächst lebten Alkoholiker in der Familie mit. Wenn Heinz Nitzsche Hausbesuche machte oder in den Parks nach Alkoholikern Ausschau hielt, war Martina mit den Männern allein. „In den über 20 Jahren unserer Arbeit ist mir nie einer unserer Männer in irgendeiner Weise dumm gekommen", erzählt Martina. Vielleicht liegt's daran, daß alle Männer „Sie" zu den mitarbeitenden Frauen in Serrahn sagen, während Heinz und die männlichen Mitarbeiter geduzt werden.

Vielleicht liegt's aber auch an der Liebe, die die Männer spüren. „Wir haben mit ihnen alles geteilt. Nur die Schlafstube nicht. Aber alles andere stand ihnen zur Verfügung. Für mich ist es eigentlich das schönste, alles mit unseren Männern zu teilen." Die gemeinsamen Mahlzeiten wurden trotzdem manchmal dazu genutzt, die Hausmutter auf die Probe zu stellen. Als Martina Nitzsche schwanger war, versuchte es einer auf sehr drastische Weise. Denn wenn es bei Tisch etwas derber wurde, kam es der jungen Frau jedesmal hoch. Eines Mittags, Heinz war mal wieder auf Tour, wollte er Martina provozieren. „Er erzählte die unmöglichsten Dinge, aber ich habe mir gesagt, ‚wenn du jetzt klein beigibst, bist du für alle Zeiten verloren!'. Dann hätten die Männer gewußt, wo mein schwacher Punkt war." Also kämpfte sie sich durch. Das hat sie so geprägt, daß sie sich heute vor kaum etwas ekelt. Selbst wenn Alkoholiker ihr vor die Füße brechen, kann sie es ertragen.

Weil Heinz Nitzsche oft unterwegs war, hielt Martina auch die Andachten. Durch das familiäre Gefüge war der Zusammenhalt in der Gruppe schon immer groß. Selbst in der kritischen Zeit bis 1977, wo der Staatssicherheitsdienst fast die Zelte auf dem Pfarrhof aufschlagen wollte, stellten sich die Männer zu Martina. Einmal kam die Kriminalpolizei und randalierte auf dem Hof, weil Heinz Nitzsche nicht da war. Martina lud sie ins Haus ein. Während die Beamten reingingen, zupfte sie einer der Männer vom Hof am Arm: „Frau Nitzsche, wenn was ist, rufen Sie, wir helfen Ihnen!" Für die junge Frau ein Schlüsselerlebnis: „Da habe ich gespürt, daß unsere Männer für mich ins Gefängnis gegangen wären. Die hätten mich verteidigt bis aufs Blut."

## Kinder sind die besten Therapeuten

Die fünf Kinder von Martina und Heinz waren selbstverständlich von Anfang an in die Arbeit integriert. Anders wäre es gar nicht möglich gewesen. Schließlich ist eine Säule der ganzen Arbeit die Gemeinschaft mit den Männern. Und Gemeinschaft will gelebt werden! Die meisten Alkoholiker haben den Kontakt zu ihren eigenen Familien verloren. Je stärker sie von ihrem Problem heimgesucht werden, desto stärker ist die Isolation. Daher ist es wichtig, daß sie ein gutes, offenes Familienleben mitbekommen. Das kann nur geschehen, wenn eine Familie wie die Nitzsches ihr Haus öffnet und ihr Leben mit den Alkoholikern teilt.

Inzwischen sind es über 2000, die in Serrahn im Laufe der Zeit gelebt haben. Da bleibt für ein geregeltes Familienleben doch kaum Zeit? Martina Nitzsche sieht das anders: „Die Kinder sind voll in die Arbeit integriert. Noch nie ist es ihnen zuviel geworden. Sie gehören dazu und haben in den vergangenen 20 Jahren oft die Brücke zu den teilweise auch verschlossenen Männern gebaut."

Kinder haben ein besonderes Gespür für Stimmungen und Gefühle. Sie wissen oft besser Bescheid, was mit einem Menschen los ist, als die Erwachsenen. Denen fallen manche Dinge in der Hetze des Tages nämlich nicht auf. So haben die Kinder – Daniel, Damaris, Matthias, Dorothee und Andreas – einen gar nicht mal so kleinen Anteil am Gelingen einer Therapie.

Zwei Beispiele: Als Matthias gerade geboren war, hatte Martina Nitzsche wenig Zeit für ihr Baby. Heinz fuhr ständig zu Tagungen und zu AGAS-Gruppen. Sie mußte sich um die Männer und den Haushalt kümmern. „Oft habe ich dem kleinen Matz nur das Fläschchen fertiggemacht und ihn damit irgendeinem unserer Männer in den Arm gedrückt." Das tat sie auch mit einem Mann, der vollkommen verschlossen war. Je öfter er das kleine Baby im Arm hielt, desto mehr taute er auf. „Später hat er uns erzählt, daß er in diesen Momenten das erste Mal seit langem gemerkt hat, daß er geliebt wird. Durch unser Baby spürte er, daß es jemanden gibt, für den er wichtig ist. Quasi im Babyalter haben die beiden eine gute Beziehung zueinander bekommen. Wenn dieser Mann den Raum betrat, strahlte Matthias und streckte ihm die Händchen entgegen. Das war für die Therapie unwahrscheinlich wichtig."

Matthias war es auch, der später auf sehr unkonventionelle Weise Probleme löste. In Serrahn herrscht strengstes Alkoholverbot. Wer trotzdem wieder zur Flasche greift, erhält noch eine Chance. Kommt es dann noch einmal vor, muß er den Pfarrhof verlassen. Viele Männer haben im Laufe der Zeit diesen Weg gewählt. Doch sie wußten, daß sie jederzeit wiederkommen konnten, wenn sie die Therapie noch einmal beginnen wollten. Auch wenn es für die Kinder traurig war, wenn wieder einer ging, ohne daß ihm geholfen werden konnte, so konnten sie ihnen doch ohne Vorbehalte begegnen. Einmal torkelte ein Mann, der die Therapie schon zweimal abgebrochen hatte, den langen Weg zum Pfarrhof. Ihm war anscheinend selbst nicht ganz wohl, daß er schon wieder Hilfe brauchte. Kein Problem für den damals sechsjährigen Matthias. Er reichte mit seinen Händen dem Ankömmling zwar nur gerade so auf die Schulter, trotzdem begrüßte er ihn mit einem Schulterklopfen und den Worten: „Na, Kumpel, hast wohl wieder gesoffen?" Das Eis war gebrochen, der Mann wußte, daß er herzlich willkommen war.

## Zwischen Last und Fröhlichkeit

Es gab aber nicht nur solch lustige Erlebnisse, sondern auch harte Situationen. Die Kinder können sich zwar ein Leben ohne die Männer kaum vorstellen, aber eben auch kein beschauliches Familienleben. Sie leben so mit der Arbeit, daß sie auch negative Erfahrungen mitbekommen. „Wirklich bewegend war für uns das Schicksal einer Frau. Sie hatte lange mit ihrem Mann bei uns gelebt, und beide waren trocken geworden. Doch nach einer gewissen Zeit wurde der Mann rückfällig, kurze Zeit später die Frau. In ihrer Verzweiflung hat sie in ihrer Wohnung den Gasherd aufgedreht und sich selbst vergiftet. Jede Hilfe kam zu spät. Diese Endgültigkeit hat uns alle geschockt. Wir erleben mit unseren Leuten zwar viele Rückfälle, aber den meisten kann man nachgehen oder sie können wieder zu uns kommen. Bei dieser Frau war es endgültig!"

Wie wird man damit fertig? Wie werden die Kinder auch mit dieser Belastung fertig? Martina Nitzsche antwortet nachdenklich: „Natürlich ist so etwas hart und man kann darüber nicht so einfach weggehen. Es tröstet uns zu wissen, daß wir es nicht zu beurteilen haben, sondern daß letztlich Gott über das Leben von Menschen urteilt. Wichtig für unsere Kinder ist, daß sie an uns und den Mitarbeitern sehen, daß uns die Arbeit mit Alkoholikern nicht lästig ist. Wenn wir sie als Last empfinden, dann werden so auch unsere Kinder denken. Wenn wir aber fröhlich sind, dann sehen unsere Kinder das auch so."

Es gibt eigentlich keine Familienfeier ohne die Männer. Um sich eine Nische für die Familie zu sichern, feiern die Nitzsches Weihnachten mit ihren Kindern immer am 22. oder 23. Dezember. Aber es dauert nicht lange, da holen die Kinder irgendeinen der Männer noch dazu. Sie haben ein besonderes Gespür, wen sie jeweils fragen müssen. Doch für sie ist die Weihnachtsfeier am 24. Dezember gemeinsam mit den Männern das eigentliche Ereignis. Martina: „Wenn wir dann mit unseren Männern gemeinsam Weihnachten feiern, das ist dann auch für unsere Kinder erst das richtige Weihnachten!"

Seit 1991 lebt die Familie Nitzsche in einem neugebauten Haus, das etwa 100 Meter vom eigentlichen Pfarrhof entfernt steht. Die Arbeit hat sich so ausgeweitet, daß ein Zusammenleben mit den Männern aus räumlichen Gründen nicht mehr möglich war. Das heißt aber nicht, daß zu ihnen ein größerer Abstand entstanden ist. Jeden Sonntag laden die Nitzsches zum großen Kaffeetisch ins eigene Haus ein. „Die Männer müssen dann noch nicht einmal abspülen. Wir umsorgen sie, und sie sind unsere Gäste."

Selbst in den Familienurlaub wird der eine oder andere Alkoholiker mitgenommen. Wie schafft es Martina, zu 25 Personen einen guten Kontakt aufzubauen? „Ich habe nicht zu jedem die gleiche Beziehung. Trotzdem versuche ich, zu jedem einen persönlichen Kontakt zu bekommen. Wir essen mit ihnen zusammen, arbeiten mit ihnen, dabei kommt es automatisch zu Gesprächen. Wir unternehmen auch gemeinsame Ausflüge." Für ihren Umgang mit den Alkoholikern sieht sie es „als ein Geschenk meiner Kindheit" an, daß sie ihren Vater liebhaben konnte. Hier lernte sie zu vergeben und den anderen anzunehmen.

## Alles Sonnenschein?

Wenn man das so alles hört, könnte man fast meinen, in Serrahn ist der Vorhof zum Paradies. Aber weit gefehlt! Auch wenn der Pfarrhof in einer landschaftlich schönen Gegend liegt, von Seen und Naturschutzgebieten umgeben, so knackt's auch hier manchmal heftig im zwischenmenschlichen Gebälk. Und so kann auch Martina Nitzsche von Zeiten berichten, in denen sie lieber woanders gelebt hätte, als mit den Alkoholikern in Serrahn. „Als ich das fünfte Kind bekam und die Arbeit über uns hereinzustürzen drohte, fuhr Heinz jeden

Tag weg. Er hielt Vorträge oder besuchte ehemalige Alkoholiker und führte Gespräche mit Alkoholikern. Er war eigentlich nie zu Hause, wenn ich ihn brauchte. Dann bekam ich Fieber und schleppte mich nur noch durch die Gegend. Die Büroarbeit mußte nachts erledigt werden, weil am Tag keine Zeit dafür übrig war. Die ganze Arbeit wurde mir zuviel."

Hier kam ihr zugute, daß sie eine Frohnatur ist – und singen kann. „Wenn es ganz dicke kommt, singe ich christliche Lieder. Die Texte helfen mir auf die Beine. Wichtig ist es auch, daß ich nicht nur auf dem Pfarrhof bleibe, sondern immer wieder mit Heinz gemeinsam Hausbesuche mache. Manchmal kommen wir in chaotische Verhältnisse. Wenn ich dann dieses Elend sehe, das hauptsächlich durch Alkohol verursacht wird, bin ich froh, wie wir leben. Dann werden auch die eigenen Probleme klein und nichtig und ich merke, wie wichtig es ist, daß Heinz immer wieder rausfährt."

Von zu Hause aus eigentlich eher penibel auf Ordnung bedacht, lernte Martina im Umgang mit den Männern eine neue Wertskala. In Serrahn läuft kein Tag wie der andere ab. Jeden Moment kann etwas passieren, das den gesamten Plan über den Haufen wirft. Doch sie sieht es inzwischen locker: „Wenn wir in die Ewigkeit kommen, wird Gott uns nicht nach dem Staub fragen, der vielleicht noch auf den Regalen lag, oder nach der Wäsche, die vielleicht nicht gebügelt wurde. Er wird uns aber fragen, was wir mit unserem Nächsten gemacht haben!"

Je größer die Arbeit wurde, desto wichtiger war es auch, daß Nitzsches gute Mitarbeiter bekamen, die mit ihnen gemeinsam den Männern halfen. Im Laufe der Jahre hat sich ein gutes Team zusammengefunden, das die Arbeit gemeinsam trägt. Das oberste Gebot für alle ist die Liebe. Egal wie die Menschen in Serrahn ankommen, sie werden geliebt. In Serrahn erleben viele zum ersten Mal, was es heißt, eine Familie zu haben, was es heißt, von anderen akzeptiert zu werden, was es bedeuten kann, wenn man selbst ernst genommen wird – und vor allem als „Mensch“ und nicht nur als „Problem“ behandelt wird. Ein Satz, den man in Serrahn öfter hören kann, lautet: „Der Mantel der Liebe paßt jedem!“

# DETLEF:

## *„Das nächste Mal könnte das letzte sein . . .“*

Der Arzt drückt seinem Patienten liebevoll die Hand, sieht ihn sehr ernst an und sagt: „Auf Wiedersehen!“ Er kann sicher sein, daß sich dieser Wunsch erfüllt. Im Laufe der Zeit hat sich zwischen den beiden eine Beziehung entwickelt, die man als alte Bekanntschaft bezeichnen kann.

Bereits zum siebten Mal ist Detlef Krupski ins Kreiskrankenhaus in Templin eingeliefert worden. Meistens in einem Zustand, daß er nicht mehr wußte, wo er eigentlich war. Auch nicht, wie er es wieder einmal geschafft hatte. Nur die Schwestern und Pfleger kennen ihn genau. So tuscheln sie: „Übrigens: Krupski ist mal wieder da. Mal sehen, wie lange er es diesmal aushält.“ Doch dieses Mal soll es anders sein. Detlef entschließt sich, nie wieder Alkohol zu trinken. Aber wie oft hatte er diesen Entschluß schon gefaßt? Wie lange hatte er bisher immer gehalten? Wie gut schmeckte doch der erste Schluck nach einigen Wochen Abstinenz?

Eigentlich hätte er für alle Zeiten geheilt sein müssen. Schlechte Erfahrungen, so sagt man, machen klug. Doch Volksweisheiten dieser Art treffen auf Detlef nicht zu. Jeder Versuch, langfristig vom Alkohol wegzukommen, endete mit einem kräftigen Schluck aus der Schnapsflasche. Was dann folgte, war ihm vertraut: Endlose Stunden im Suff, das böse Erwachen danach. Und dann die Suche nach neuem Stoff. In den „trockenen Minuten" seines Lebens schämt er sich für sein Trinken. Doch meistens endet das dann so, daß er diese Scham mit zwei Flaschen Schnaps runterspült. Wenn gerade kein Schnaps zur Hand ist oder das Geld knapp ist, gibt's für den Körper auch Brennspiritus. Mit der Zeit kann Detlef kaum noch richtig sehen, was ihn aber nicht stört. Hauptsache, das Trinken wird nicht beeinträchtigt!

**„Die Angst quälte mich"**

Zitternd sitzt er eines Nachmittags in seinem Zimmer. „So kann es doch nicht weitergehen!" Zwei Selbstmordversuche hat er bereits hinter sich. Doch nicht nur das, er hat auch unzählige Versuche, selbst vom Alkohol loszukommen, hinter sich. Ein Versuch hat ihn vor Jahren auf die Intensivstation gebracht. Wenn sein Körper keinen Alkohol bekam, rebellierte er. Eine Entzugsepilepsie war die Folge. Nun sitzt er da und wartet eigentlich nur noch darauf, daß es endlich losgeht.

Seine Gedanken schweifen zu dem Gespräch mit dem Arzt zurück. Was hatte der noch gesagt? „Herr Krupski, das nächste Mal kann das letzte für Sie sein! Wenn Sie es nicht schaffen, vom Alkohol dauerhaft loszukommen, dann werden Sie vom Alkohol loskommen, indem Sie zwei Meter unter der Erde liegen."

Die Gelenke schmerzen, sein Gesicht ist seit längerer Zeit gelb unterlaufen, er kann nicht mal mehr die Zeitung lesen. „Was haben mir eigentlich diese Krankenhausaufenthalte gebracht?" fragt er sich. „Wenigstens so viel, daß ich immer wieder für eine Zeit trockengelegt worden bin. Zumindest bis zu dem Zeitpunkt, wo ich das Krankenhaus verlassen habe."

Staatliche Entziehungskuren hatten letztlich nichts gebracht. Er wurde dort mit Medikamenten vollgepumpt, um die

Begleiterscheinungen der Entziehung nicht zu spüren. Wenn Detlef dann wieder vor dem Krankenhauseingang stand – einmal mehr „entgiftet" –, quälte ihn die Frage, wie es draußen weitergehen würde. „Wie lange hältst du diesmal durch, Detlef?"

## „Ich hatte meine Wohnung flüssig gemacht"

Jedesmal wußte er, daß ihm viele seiner alten Kumpanen dabei helfen würden, wieder schneller zu trinken, als er aufgehört hatte. Dabei hatte dieser vermeintliche Seelentröster Alkohol sein Leben bereits zerstört! Nicht nur sein Körper war arg in Mitleidenschaft gezogen worden, sondern sein ganzer Lebensraum war zu Bruch gegangen. Zwei Ehen wurden geschieden. Mit seiner zweiten Frau und seinen beiden kleinen Kindern lebte er zwar noch in einem Haus, aber die Beziehung war kaputt. Auch den Kontakt zu seinen Eltern hatte er mit der Zeit totgesoffen. „Alle meine Freunde, die ich früher hatte, wandten sich von mir ab. Ich fühlte mich, wenn ich mal eine nüchterne Phase hatte, ziemlich einsam und verlassen." Die Konsequenz: Eine Flasche in Ehren . . .

Natürlich blieb es den Arbeitskollegen und Chefs nicht verborgen, daß Detlef nicht mehr nüchtern arbeiten konnte. Drei Entlassungen waren die Folge. Da aber im Sozialismus der DDR jeder einen Arbeitsplatz bekommen mußte, gab man ihm schließlich die Stelle eines Hofarbeiters. „Hofnarr wäre die bessere Bezeichnung gewesen", sagt er heute. „Ich mußte Papierkörbe ausleeren und die Straßen fegen. Wenn ich nicht getrunken hatte, schämte ich mich deshalb so sehr, daß ich mir augenblicklich wieder eine Flasche besorgte."

Inzwischen war er auch schon so weit, daß er aus seiner Wohnung alles verkaufte, was nicht niet- und nagelfest war. Der Farbfernseher mußte als erstes dran glauben. An einem Kneipenabend war dieses Geld weg. Doch trotz allem hielt seine geschiedene Frau immer noch zu ihm und versuchte, ihm zu helfen. Ohne Erfolg.

**Einziger Ausweg: Totsaufen!**

Im März 1987 ist es dann soweit. Nach einer Trockenperiode von fast vier Monaten ist Detlef wieder rückfällig geworden. Ein Schluck Schnaps, und die alte Leier fing von vorne an. Kurze Zeit später trinkt er schon wieder Brennspiritus, der billigen Beschaffung und der hervorragenden Wirkung wegen. „Als mir das bewußt wurde, sah ich für mich nur einen Ausweg, aus dieser Sucht rauszukommen: Ich mußte mich totsaufen!"

Lautes Klopfen an der Wohnungstür holt den total zugesäuselten Mann aus seinen schlimmen Tagträumen. Gerade noch schafft er den Weg zur Tür, um sich sofort wieder auf die Couch zu legen. Immer noch denkt er nur an das eine: Totsaufen, um endlich Schluß zu machen mit diesen endlosen Qualen von trinken, aufhören, trinken, aufhören, trinken ...

In seinem Zimmer stehen drei Christen, die er in der Zwischenzeit kennengelernt hat. Sie machen ihm ein Angebot: „Detlef, es gibt Hilfe für dich. Wir bringen dich nach Serrahn!" Der so Angesprochene kann kaum darauf antworten. Eigentlich ist es ihm auch völlig egal, was mit ihm passiert. Hauptsache, das Elend hat bald ein Ende. Dieser Wunsch sollte sich zunächst nicht erfüllen.

Am nächsten Tag, am 7. März 1987, geht's dann los. Die Leute mußten ihn stützen, denn alleine zu gehen, war ihm nicht möglich. Jeder Schritt wurde zur Qual. In Serrahn angekommen, muß Detlef erst mal unter die Dusche. Das muß wirklich notwendig gewesen sein, denn normalerweise werden die Ankömmlinge im Diakonischen Zentrum so nicht begrüßt. Kaum kann er sich in der Duschkabine halten, so fertig ist er. Die Hände zittern und in ihm stieg langsam die lähmende Angst vor einem erneuten Epilepsieanfall hoch.

## „Mein Körper rebellierte“

„Danach mußte ich ins Bett. Ich fand keine Ruhe. Mein Körper rebellierte. Ich schwitzte und mir war elend kalt. Ich hörte Stimmen, obwohl niemand im Zimmer war. Ich wartete nur noch auf das Delirium, das ich schon so oft erlebt hatte. Dieser qualvolle Tag und die darauffolgende Nacht waren für mich endlos. Zum ersten Mal in meinem Leben mußte ich den Alkoholentzug bewußt durchleben“, erinnert sich Detlef noch genau an dieses Erlebnis. In Serrahn wurde er nämlich nicht mit Medikamenten ruhiggestellt. Spritzen und Tabletten sind dort verpönt und werden beim Entzug grundsätzlich nicht eingesetzt. Doch das Schlimmste sollte erst noch folgen: der nächste Tag.

Weil nämlich in Schwerin eine Landeskonferenz der AGAS veranstaltet wurde, mußte die gesamte Mannschaft mit. „Ich wollte nur liegenblieben und endlich meine Ruhe haben, aber auch ich mußte mit!“ Da machte es auch nichts, daß er eineinhalb Stunden zum Anziehen brauchte. „Irgendwie saß ich dann doch neben den anderen im LKW.“

Während dieser Fahrt wird Detlef von mehreren Anfällen geschüttelt und auch während des Tages müssen ständig Mitarbeiter bei ihm sein, um ihm zu helfen. Doch dieser Tag ist wichtig für die Therapie, und als es abends wieder die rund 50 Kilometer nach Serrahn geht, fühlt er sich schon besser.

Wieder in Serrahn, wartet er mit einer ganz neuen Form der „Entsorgung“ auf. Weil sein Zimmer im obersten Stock ist, die Toiletten aber parterre, kommt ihm die auf seinem Flur stehende Topfpflanze gerade recht. Doch auch das wird von Heinz Nitzsche und seinen Mitarbeitern verkraftet. Heute sagt Detlef: „Im nachhinein muß ich sagen, daß die Serrahner Entzugsmethode die heilsamste war, die ich überhaupt mitgemacht habe.“

## „Lieber Gott, wenn es dich gibt"

Während des Aufenthalts in Serrahn kommt der zunächst nur trockengelegte Patient aber nicht richtig zur Ruhe. Denn im nüchternen Zustand sieht er sich plötzlich mit ganz nüchternen Fragen konfrontiert: Würde es seine Frau schaffen, ihn aus der Wohnung rauszuklagen? Würde er jemals wieder zu seinen Eltern Kontakt bekommen? Was wird aus der Arbeitsstelle?

Diese Probleme türmten sich vor ihm auf. Am liebsten würde er sich sofort in den Zug setzen und nach Hause fahren. Es vergehen 14 Tage, ohne daß sich für ihn wesentlich etwas ändert. An einem Mittwochmorgen geht er in die Felder und sucht sich ein stilles Eckchen. Hier faltet er auf einmal die Hände und beginnt, bitterlich zu weinen. „Ich bat damals Gott, daß er mir hilft. Ich kannte ihn eigentlich gar nicht, war zwar in die Christenlehre gegangen, hatte aber mit der Kirche nichts zu tun gehabt. Ich bat ihn um Hilfe und stellte keine Bedingungen."

Die Antwort folgt auf dem Fuß. Kaum im Zentrum wieder angekommen, erhält er ein Telegramm. Die Christen aus Templin, die ihn nach Serrahn gebracht haben, schreiben: „Bitte mache dir keine Sorgen. Es wird sich alles regeln. Versuche, einen neuen Anfang in deinem Leben zu machen." Von diesem Tag an wird Detlef bewußt, daß da wohl doch noch jemand ist, der ihn hört und ihm helfen möchte.

## Dann hieß es: Abschied nehmen

Wenige Tage später heißt es dann für Detlef, Abschied nehmen. In der Zweigstelle des Diakonischen Zentrums in Linstow bekommt er einen Platz. Dort sind zehn Alkoholiker untergebracht. Kaum dort angekommen, bittet er darum, seine geschiedene Frau anrufen zu dürfen. Was will er von ihr hören? Sie hat ihn bisher noch nicht aufgegeben. Er bittet sie: „Martina, bitte gib mir noch eine Chance. Ich liebe dich immer noch, nur bisher war die Flasche stärker." Doch die erwartete Antwort: „Ja, Detlef, ich gebe dir diese Chance", bleibt aus.

Statt dessen muß er verdutzt zur Kenntnis nehmen: „Detlef, versuche du dort erst mal einen neuen Anfang. Wenn du das geschafft hast, werden wir weitersehen. Alles andere ergibt sich dann." Diese Antwort stellt ihn natürlich nicht zufrieden. Er bildet sich ein, daß seine ehemalige Frau vielleicht inzwischen jemand anders gefunden hat. Die Angst, aus der Wohnung raus zu müssen, wächst.

Nach sechs Wochen darf Detlef zum ersten Mal das Haus übers Wochenende verlassen. Keine Frage, wohin es geht. In der Zwischenzeit hatte er Kontakt zu seinen Eltern aufgenommen und auch die Schwiegereltern eingeladen. Sie würden nicht schlecht staunen, hatte sich doch bei ihm einiges zum Positiven verändert. Nachdem er ihnen glaubhaft versichern konnte, jetzt einen Weg gefunden zu haben, nicht mehr trinken zu müssen, bittet er sie um Vergebung. Auch bittet er um eine neue Chance.

**Eine neue Chance wird gewährt**

In Linstow lebt Detlef fünf Monate. Fünf Monate, in denen er ein neues Leben kennenlernt. Er erlebt auch, was es heißt, nicht nur nicht mehr trinken zu *dürfen,* sondern nicht mehr trinken zu *wollen.* Denn seit dem Tag, an dem er das erste Mal Kontakt zu Gott aufgenommen hat, will er nicht mehr trinken. Und er braucht es auch nicht mehr, denn das Verlangen nach Schnaps, Brennspiritus und derlei Unannehmlichkeiten ist verschwunden.

Vieles erkennt er in diesen fünf Monaten. Er begreift, daß Jesus Christus das Leben total verändern kann. Detlef bereinigt während der Therapie sein Leben und bekommt von Gott ein neues geschenkt. „Ich habe mein Leben mit dem ganzen Schmutz und Schlamm vor Gott ausgebreitet. Er hat mich freigemacht. Deshalb kann ich heute auch darüber sprechen, was ich alles angestellt habe, ohne daß es mich belastet. Ich weiß, daß mein Leben neu geworden ist und Gott mir vergeben hat."

Bereits während der Therapie darf er immer öfter nach Hause zu Besuch. Seine Kinder, von denen er früher geglaubt hatte, daß sie nichts von seiner Alkoholsucht mitbekommen hätten, spüren die Veränderung, die bei ihrem Papa eingetreten ist. Sie sagen: „Papa, jetzt trinkst du nicht mehr. Nur noch Brause. Jetzt braucht die Polizei auch nicht mehr ins Haus zu kommen!" Ihr Vater ist der Beweis, daß Gott Menschen verändern kann.

**Auf einem neuen Weg**

Als er das Zentrum in Linstow im August 1987 verläßt, hat er gemischte Gefühle. Würde es diesmal halten? Würde er diesmal dauerhaft ohne Alkohol auskommen? Was ist, wenn es Probleme gibt? Der Leiter, Rüdiger Borchert, gibt ihm folgenden Rat: „Wenn du an dem bleibst, an den du glaubst, wenn du ihn bittest, daß er dir Kraft gibt, dann wirst du auch diesen Weg gehen und bestehen."

So geht er zurück nach Templin. Bereits während seiner vielen Besuche hat er auch immer die Leute aufgesucht, mit denen er sich früher rumgetrieben hat. Jedesmal wenn er dort wegging, hatte er sich gesagt: „Detlef, dort möchtest du niemals mehr landen." Zwar muß er zunächst wieder auf seine alte Arbeitsstelle als Hofarbeiter, aber diesmal schämt er sich nicht für diese Tätigkeit. Kurze Zeit später bekommt er aber eine Arbeitsstelle, die ihm Spaß macht. Er kann wieder in seinem erlernten Beruf als Landmaschinenschlosser arbeiten und findet auch neue Freunde. Seine Hände werden mit der Zeit ruhiger, und er kann sogar wieder schweißen. Eine Tätigkeit, die früher Unmengen Alkohol erforderte.

Detlef erlebt aber noch etwas anderes:

Seine ehemalige Frau und seine Mutter leben zwar mit der ständigen Angst, er könne wieder zu trinken anfangen, aber so nach und nach wächst auch zwischen ihnen das Vertrauen. Nach einem Jahr Abstinenz stellt er seiner geschiedenen Frau die Frage, ob sie ihn noch einmal heiraten würde? Sie sagt „ja", und so heiraten Detlef und Martina am 15. Juli 1988 zum zweiten Mal. Mit dem Unterschied, daß sie diesmal ihre Ehe bewußt unter den Segen Gottes stellen.

Detlef leitet heute mehrere Selbsthilfegruppen in Templin. Er versucht, anderen Wegweiser zu sein. Es geht ihm dabei nicht nur um das „Trockensein". Sondern er kennt den Unterschied zwischen „Trockensein" und „Freisein". „Freisein heißt, daß ich meine Schuld, die mich belastet, abgeben kann. Und diese Vergebung habe ich erlebt."

# BURKHARD:

## *„Ich mußte immer mit in die Bar"*

Wer selbst täglich vor Augen hat, was durch den falschen Umgang mit Alkohol angerichtet wird, sollte der nicht abgeschreckt sein? Aber, was ist, wenn die Gewohnheit einen immer wieder in die Kneipe treibt? Für Burkhard Mix aus dem Kreis Ludwigslust gab es gar keine andere Wahl mehr: Er mußte abends und an Wochenenden in die Kneipe gehen.

„Meine Eltern wurden wegen des übermäßigen Alkoholkonsums meines Vaters geschieden. Meine Mutter mußte nun zusehen, wie sie mich und meinen Bruder versorgen konnte. Deshalb jobbte sie abends und am Wochenende immer in einer Bar. Weil sie uns nirgends unterkriegen konnte, mußten wir immer mit. So sind wir praktisch in das Kneipenleben reingewachsen", erzählt Burkhard. Später konnte er sich gar nicht mehr vorstellen, am Wochenende nicht ins Gasthaus oder in eine Bar zu gehen.

Die Weichen waren also gestellt. Auch wirkten sich verschiedene Männerbekanntschaften seiner Mutter nicht gerade positiv aufs Familienleben aus. Nach Abschluß der zehnten Klasse begann Burkhard eine Lehre als BMSR-Techniker (Betriebsmeßsteuer- und Rechnungstechniker). Dabei ging es darum, verschiedene Fertigungsanlagen zu steuern. Im Ansehen seiner Kumpels ein gar nicht mal so schlechter Beruf, nur die Sache hatte einen entscheidenden Haken: Burkhard hatte gar keine Lust, so was zu lernen.

Die Lehre brachte ihn auch noch weit von zu Hause weg. Im Internat im Erzgebirge machte der sportliche Jugendliche dann eine wichtige Erfahrung. In seiner Freizeit spielte er mit Freunden Fußball. Nach dem Spiel wurde dann in einer Kneipe ordentlich nachgetankt. Schon in dieser Zeit merkte er, daß er sich schlecht im Griff hatte, wenn's ums Trinken ging.

**Der Abstieg wurde vorbereitet**

Gab ihm der Alkohol anfangs noch Auftrieb, sorgte für so manchen Witz und für eine gelockerte Atmosphäre, so forderte er immer stärker seinen Tribut. Die abendlichen Kneipenbummel und die darauffolgenden kurzen Nächte wirkten sich nicht gerade förderlich auf die schulischen Leistungen aus. Die Folge: Jede schlechte Note mußte erst mal gebührlich begossen werden.

Damit das nicht zu einem ausufernden Kostenfaktor wurde, suchte Burkhard Kontakt zu Leuten, die garantiert immer was zu trinken im Schrank stehen hatten. Egal, wo er hinkam und wo er später wohnte: Wie ein Magnet zog er Leute an, die das gleiche Interesse hatten. Der Fußball brachte ihm auch trinkfreudige Kumpanen.

Wie Burkhard seine Lehre schließlich doch ganz gut über die Bühne brachte, weiß er selbst nicht mehr so genau. Nach der theoretischen Ausbildung folgte ein Praktikum, das ihn wieder in heimische Gefilde brachte. In Mecklenburg kannte er Land und Leute. Er fand einen Platz in der Nähe von zu Hause. Aber das Hydraulikwerk in Parchim konnte ihn nicht von der alten Gewohnheit abbringen, abends und vor allem an den Wochenenden in die Gaststätte zu gehen und ordentlich die Bierkrüge zu stemmen. „Warum, weiß ich selbst nicht. Es muß wohl die Gewohnheit von klein auf gewesen sein, die mich immer wieder dorthin trieb. Ich konnte zu Hause eine Flasche Schnaps im Kühlschrank haben. Die blieb unberührt. Ich ging lieber in die Kneipe. Ich brauchte diese Atmosphäre und die Leute um mich."

Seine Mutter reagierte entsetzt, als sie merkte, daß ihr Sohn in die Fußstapfen ihres ersten Mannes trat. Sie warnte ihn auch, er solle aufpassen und nicht zuviel trinken, doch da war es für Burkhard schon zu spät.

### Ein steiniger Weg begann

Arbeiten gehen und die Maschine bedienen konnte er nur noch, wenn sein Alkoholspiegel Flut anzeigte. Die ersten Verweise folgten und mehrmals wurde er gefeuert. Schließlich hatte er ein neues Hobby: Er wechselte die Arbeitsstellen wie andere die Hemden.

Bei der Nationalen Volksarmee, zu der er nach seiner Lehre mußte, versackte er total. „Da wurde erst so richtig gesoffen. Und meinen letzten Armeeurlaub habe ich nicht überstanden. Ich landete in der Nervenklinik in Schwerin."

Ein Ort, den Burkhard inzwischen kannte, war er hier doch schon mehrmals zur Entgiftung gewesen. Aus dem Krankenhaus und der NVA entlassen, fing ihn sein Onkel auf. Er leitete einen großen Betrieb einige Kilometer von Burkhards Elternhaus entfernt. Da lag es nahe, erst mal dort anzufangen. Um sich die täglichen Fahrten zur Arbeitsstätte zu ersparen, wohnte er im Ledigenwohnheim des Betriebes. Ein folgenschwerer Fehler, wie sich herausstellen sollte.

„Dieses Wohnheim war die totale Katastrophe für mich. Wir wohnten auf einem Flur mit 15 Männern und 15 Mädchen. Da ging's natürlich jeden Abend rund. Die Lautsprecher wurden aufgerissen und die Bierkisten stapelten sich bis unters Dach. Dort bin ich dann völlig versackt", erinnert er sich an diese Zeit.

Weil selbst sein Onkel ihn nicht mehr bewegen konnte, zur Arbeit zu erscheinen, gab's auch dort Ärger. „Ich bin irgendwann überhaupt nicht mehr zur Arbeit gegangen. Mußte immer saufen, um die kleinsten Dinge geregelt zu kriegen. Zum Beispiel konnte ich später nicht einmal mehr mit dem Schlüssel die Wohnungstür aufschließen, wenn ich nicht vorher ordentlich was getrunken hatte."

Doch komischerweise ging es ihm körperlich im Grunde gar nicht so schlecht. Er war immer noch der nette Kollege von nebenan, spielte immer noch Fußball und war auch sonst ein guter Kumpel. Äußerlich sah man ihm kaum etwas an, aber innerlich tobte es in ihm. Die ersten Selbstmordgedanken kamen auf. Sie führten zu insgesamt drei Selbstmordversuchen. Doch, ob er sich die Pulsadern aufschnitt oder sich erhängen wollte, immer kam jemand vorbei, der ihn fand und ins Krankenhaus schaffte. Heute sagt Burkhard: „Sehr wahrscheinlich sollte es einfach nicht sein. Vielleicht wollte ich auch nur auf mich aufmerksam machen."

**Allein – und doch nicht allein**

Die älteren Kollegen hatten sich inzwischen von dem jungen Säufer abgewandt, und schließlich trieb sich Burkhard mit Leuten rum, „mit denen ich im nüchternen Zustand niemals verkehrt hätte". Der soziale Abstieg folgte. Im täglichen Kampf gegen den Alkohol mußte er viele Niederlagen einstekken. Am 7. Oktober 1979 ging er wieder mal in eine Gaststätte, um sich selbst auf die Probe zu stellen. „Ich hatte mir fest vorgenommen, dorthin zu gehen, drei Bier zu trinken und wieder nach Hause zu gehen. Ich sagte mir, ‚wenn du das nicht schaffst, dann stimmt irgendwas nicht mit dir!'."

Burkhard schaffte es nicht, und so begann mal wieder ein feuchtfröhlicher Abend, der mit einem gewissen Kontrollverlust endete. Daß er sich heute noch so genau an dieses Datum erinnern kann, hat folgenden Grund:

Am Nachbartisch saß ein Gastwirt aus der Stadt. Burkhard kannte diese Leute ja aus vielen Begegnungen. Er wußte auch, daß dieser Wirt selbst ziemliche Probleme mit dem hochprozentigen Getränk hatte. Der Gemeinschaft wegen setzte er sich an seinen Tisch, und in trauter Zweisamkeit besoffen sie gegenseitig ihr Schicksal. Burkhard äußerte sein Problem, nicht aufhören zu können, und da gab der Wirt einen entscheidenden Rat: „Ich kenne da eine Anschrift, wo dir ganz sicher geholfen wird."

Hilfe, die wollte Burkhard gerne. Und wenn, dann sofort, bevor er es sich anders überlegte. Gegen 10.00 Uhr verließen zwei traurige Gestalten die Kneipe und trampten mit einem LKW nach Ludwigslust. Dort wohnte Günter Koch, von dem man sagte, daß er vom Alkohol losgekommen sei und seit vielen Jahren nicht mehr trank. Leider trafen sie nur seine Frau an, und so drehten sie um und gingen zum Bahnhof, um wieder nach Neustadt-Gleve zu fahren.

Wo hält man sich auf, um auf einen Zug zu warten? In der Bahnhofsgaststätte. Bevor der Zug kam, betrat Günter Koch die Gaststätte. Er hatte von seiner Frau von dem nächtlichen Besuch erfahren und war mit dem Fahrrad zum Bahnhof gefahren. Burkhard beeindruckte das sehr: „Daß sich da jemand so um mich kümmerte, daß er mir mit dem Fahrrad hinterhergefahren kam, das hat mich sehr gewundert."

Günter erzählte von dem Diakonischen Zentrum in Serrahn, nahm Burkhard mit zu sich nach Hause und rief bei Heinz Nitzsche an. Wie so oft war das Zentrum völlig überfüllt, aber nach einigen Erklärungen konnte Burkhard doch sofort kommen, weil er mit einer Couch zufrieden war. Kurze Zeit später stand ein alter P 70 vor der Tür, und ein Bekannter von Günter Koch brachte den therapiewilligen Trinker nach Serrahn. „Diese Fahrt werde ich nie vergessen. Der Nebel war so dicht, daß man die Hand nicht vor Augen sehen konnte. Aber der Fahrer des Wagens sagte mir, wenn mich Gott bis hierhin gebracht hat, dann würde er uns auch gut nach Serrahn bringen."

**Neue Gewohnheiten wurden eingeübt**

Für Burkhard war das Leben auf dem Pfarrhof völlig ungewohnt. Vor allem, weil er mit Kirche nie etwas am Hut hatte. „Ich habe in meiner Jugend nie eine Kirche von innen gesehen, sondern höchstens zwanzig Fensterscheiben mit dem Fußball eingeschossen. Die Kirche stand unmittelbar neben unserem Spielplatz." Aber so ganz unbeleckt war auch er nicht, denn in ihrem Haus wohnte früher eine gläubige Katholikin. „Die hielt ich damals aber für total bescheuert. Heute tut mir das leid, aber damals dachte ich so."

In Serrahn ist es üblich, daß Neuankömmlinge nicht isoliert, sondern von der ersten Minute an in die Gemeinschaft integriert werden. So kommt es, daß Alkoholiker auf Leute treffen, die von dieser Sucht befreit wurden. Oder auf Leute, die nie Alkoholiker waren, aber freiwillig abstinent leben. Ein wichtiger Therapiebestandteil sind die Gemeinschaftsabende, wo ehemalige Trinker aus ihrem Leben erzählen. Solch ein Abend fand kurz nachdem Burkhard in Serrahn aufgenommen wurde statt. „Eine Frau erzählte damals, wie sie vom Alkohol losgekommen ist und welche wichtige Rolle Jesus Christus dabei hatte. Das hat mich total beeindruckt. Das machte mir Mut, denn wenn sie es geschafft hatte, mußte es doch auch für mich möglich sein."

Wichtig sei es auch gewesen, daß er liebevoll aufgenommen worden sei und nicht viel erklären mußte, woher er kam und warum er da sei.

Weil sehr unterschiedliche Leute auf den Zimmern zusammenliegen, kommt es, daß in fast allen Räumen auch Christen sind. Die tägliche Bibellese, die Andachten und die besonderen Besinnungswochen machen die Männer mit dem christlichen Glauben bekannt. Bei einer dieser Besinnungswochen entschied Burkhard sich für ein Leben mit Jesus Christus. Ebenfalls beeindruckt zeigte sich Burkhard von den Jugendwochen, die auf dem Pfarrhof stattfanden. „Es hat mich erstaunt, daß die Jugendlichen, die aus der ganzen DDR zusammenkamen, mit uns Alkis so natürlich umgingen. Sie setzten sich einfach mit uns an einen Tisch und keiner wertete uns ab."

Ungefähr ein halbes Jahr war er in Serrahn. Er ist freigeworden und hat seitdem keinen Rückfall erlebt. Obwohl es einige Gründe dafür gegeben hätte.

**Von Schicksalsschlägen nicht verschont**

In Serrahn lernte er seine spätere Frau kennen, die als Hausmädchen dort beschäftigt war. Natürlich nur ein Grund, nach der Therapie im Diakonischen Zentrum bleiben zu wollen. Aber Heinz Nitzsche und die Mitarbeiter hatten andere Pläne. In Groß-Upahl, einem kleinen Dorf in der Nähe von Güstrow, hatte das Diakonische Werk eine Behinderteneinrichtung. Dorthin kam Burkhard als Mitarbeiter.

Nach einiger Zeit wurde die Verlobung mit Elvira durch eine andere Frau gefährdet. Doch auch hier erwies sich der gute Kontakt, den Burkhard in den Monaten in Serrahn zu Martina und Heinz Nitzsche geknüpft hatte, als hilfreich. Nach einem Jahr heiratete er Elvira. Doch das Glück sollte nicht lange währen. Bei der Geburt des zweiten Kindes starb sie an einer Virusgrippe.

Warum hat Burkhard nicht wieder zur Flasche gegriffen. Lag der erste Schluck nicht „hauchnah"? „Ich habe nicht wieder zur Flasche gegriffen, weil ich um die Gefahr eines Rückfalls wußte. Auch heute kann ich nicht sagen, daß ich außer Gefahr bin. Es kann mir jederzeit passieren. Aber das bewahrt mich vielleicht davor, daß es passiert. Diese gewisse Angst hat mich damals sicher davor bewahrt. In dieser Zeit erlebte ich aber auch, welche Kraft der christliche Glaube vermittelt. Ich bin nicht von Gott weggekommen, sondern näher zu ihm. Ich habe eine unheimliche Kraftquelle gespürt, die mich auch vor dem Trinken bewahrt hat. In dieser Zeit habe ich gemerkt, was das Gebet bewirken kann. Viele Christen haben für mich und mit mir gebetet. Natürlich ging der Tod von Elvira an meine Substanz. Unser Sebastian war ja gerade sechs Wochen alt."

Zwei Monate vorher hatte in ihrem Haus ein Hausmädchen angefangen, das sich um den Haushalt kümmern sollte. Beide Kinder von Burkhard gewannen sie lieb, und der Vater zog in diesem Punkt bald nach. Die Hochzeit ließ nicht lange auf sich warten. Heute wohnen sie immer noch dort und leiten ein Suchtnachsorgeheim, in das das Freizeitheim 1989 umgewandelt worden ist.

# HANS-JOACHIM UND HERZLINDE:

## *„Ausbruch aus dem Teufelskreis"*

Sie befanden sich in guter Gesellschaft. Hans-Joachim Gütschow und seine spätere Frau Herzlinde gehörten zu den Leuten, die an ihrem Arbeitsplatz immer wieder zur Flasche griffen. Das tun nach einer Umfrage aus dem Jahr 1991 täglich rund 9 Millionen Menschen. Weil für rund 70 Prozent der Deutschen Alkohol einfach zum Leben dazugehört, sieht darin auch kaum einer ein Problem.

Im Laufe der Zeit haben sich bestimmte Klischees in den Köpfen festgesetzt: Bauarbeiter ohne Bier gibt es nicht. Ein Bierchen nach dem Sport, aber selbstverständlich. Nur komisch wird's, wenn ein Angestellter des Innenministeriums der ehemaligen DDR immer eine Schnapsflasche in der Aktentasche trägt oder eine gutsituierte Frau durch Alkohol so weit kommt, daß sie als Verkäuferin jobt. Immer auf der Suche nach einem stillen Eckchen, um einen kräftigen Schluck aus der Flasche zu nehmen.

Hans-Joachim stammt aus einer Flüchtlingsfamilie. Sein Vater war Hafenarbeiter und sprach dem Alkohol kräftig zu. „Es gab in unserer Familie deshalb viele Tränen, und ich mußte meiner Mutter jedesmal, wenn wir unseren Vater in den Kneipen suchten, versprechen, niemals zu trinken." Irgendwie schaffte sie es, die Familie zu ernähren. Doch dann fiel der Vater im Krieg. Und Hans-Joachim mußte als ältester Sohn die Familie ernähren.

Als Jugendlicher war er sehr sportlich und setzte sich für die Jugendlichen seines Dorfes ein. Das gefiel den Parteiführern der Region und sie förderten den aktiven Jungen, wo sie nur konnten. Es war die Nachkriegszeit, und Anfang der fünfziger Jahre suchte die DDR nach Wegen, ihren Staat zu konstituieren. Hans-Joachim trat in die SED ein und wurde von der FDJ-Kreisleitung zur Parteischule geschickt. Man witterte den guten Nachwuchs für die eigene Parteiarbeit. Und die Parteigenossen verschätzten sich nicht. Nach kurzer Zeit stieg Hans-Joachim als Instrukteur in die FDJ-Leitung auf.

Was die Genossen nicht wußten, war sein heimliches Interesse an alkoholischen Getränken jeder Art. Das blieb auch noch längere Zeit geheim. Vor Hans-Joachim lag eine steile Parteikarriere. Nach seiner FDJ-Tätigkeit stieg er zum Mitarbeiter im Ministerium des Inneren auf. Hier allerdings trank er des öfteren mehr, als er vertragen konnte. Auch packte er seine Aktentasche nicht nur mit schriftlichen Informationen voll, sondern hatte auch immer noch Platz für eine Flasche Schnaps. Das war völlig normal.

Was wäre aber das Ministerium des Inneren der DDR wert gewesen, wenn so etwas nicht einmal in den eigenen vier Wänden aufgefallen wäre? So konnte Hans-Joachims heimliche Neigung nicht lange verborgen bleiben. Den Vorgesetzten paßte das überhaupt nicht, und so nahmen sie ihn unter besondere Beobachtung.

Nachdem mehrere Verweise und Mahnungen nicht fruchteten, lag eines Morgens ein Brief mit der fristlosen Kündigung auf dem Schreibtisch. Aber damit nicht genug: Weil Hans-Joachims Alkoholkonsum inzwischen den Rahmen des Verträglichen bei weitem sprengte, flog er auch noch aus der Partei raus.

## Die Laufbahn war vorherbestimmt

Das hatte natürlich Konsequenzen für den weiteren beruflichen Werdegang: Strafversetzung. Dafür ließen sich die ehemaligen Parteifreunde ganz besondere Tätigkeiten einfallen. Hans-Joachim erhielt einen Platz in der Produktion. Er durfte mithelfen, in der gesamten DDR tatkräftig am sozialistischen Idealbild mitzuarbeiten. Das bedeutete, daß er im gesamten Gebiet der DDR rumgeschickt wurde, um in Uranerzbergwerken Pumpen zu reparieren.

Diese Tätigkeit war natürlich besonders gut geeignet, um ihn vom Alkohol wegzubringen. Genau das Gegenteil passierte nämlich. Der tägliche Konsum an Alkohol wuchs beständig. Da er als Ungelernter eingestuft wurde – was will schon so ein „Bürohengst" auf dem Bau? –, bekam er Arbeiten, die andere vor ihm abgelehnt hatten. Aus seiner Sicht das einzig Positive: Es gab gutes Geld. Und das reichte meistens für gutes Bier!

Im privaten Bereich war inzwischen alles kaputtgegangen. Die Ehe hielt der alkoholischen Nagelprobe nicht stand. 1981 war es dann soweit. Eines schönen Tages sah Hans-Joachim für sich nur noch eine Möglichkeit, aus dem ganzen Dilemma auszubrechen. Einige Selbstmordversuche waren fehlgeschlagen. Diesmal mußte es klappen. Er drehte den Gashahn auf.

Die Ärzte leisteten Schwerstarbeit. Nach mehreren Versuchen holten sie den als „klinisch tot" eingelieferten Mann wieder ins Leben zurück. Sehr viel später erfuhr Hans-Joachim, daß einer nicht wollte, daß er auf diese Weise aus dem Leben schied. Eine längere Zeit im Krankenhaus folgte. Wieder in seinem Heimatort angekommen, erkannte er, daß es so doch nicht weitergehen könne. Den Rat eines Pastors, eine Therapie zu machen, schlug er in den Wind. Statt dessen ging er zu einem ehemaligen Genossen, einem Oberleutnant. Der gab ihm einen entscheidenden Rat: „Hans-Joachim, wenn du absolut nicht mehr weiter weißt und keinen Weg mehr siehst, dann geh doch in die Sassenstraße. Da gibt's so 'ne Sekte. Vielleicht helfen die dir."

Die „Sekte" war in Wirklichkeit eine landeskirchliche Gemeinschaft. Für den eingefleischten Stalin-Anhänger Gütschow und Erzkommunisten natürlich eine ungewohnte Umgebung. Aber hier wurde ihm tatsächlich geholfen.

**Auf krummen Linien gerade schreiben**

„Ein junger Vertreter des Pfarrers brachte mich am nächsten Tag nach Serrahn. Dort brach ich zusammen und habe bitterlich geweint. Ich wußte mit meinem Leben nichts mehr anzufangen." Zunächst einmal mußte sich Hans-Joachim an eine völlig neue Umgebung gewöhnen. Das Wort „Jesus" war für ihn neu und befremdend. Er hatte schwer zu kämpfen, um diese „neue Welt" zu verdauen. Was ihn bei der Stange hielt, war der Umgang dieser Menschen miteinander. Nach zwei Monaten kam er dann von Serrahn nach Linstow und entschied sich dort für ein Leben mit Jesus Christus. Trotzdem fiel er eines Tages zurück und mußte die Einrichtung verlassen.

In Malchin lernte er in einer AGAS-Gruppe seine Frau Herzlinde kennen. Sie teilte mit ihm das gleiche Schicksal. Auch sie war Alkoholikerin.

Herzlinde war ebenfalls Flüchtlingskind. Zusammen mit ihrer Mutter und dem jüngeren Bruder kam sie 1945 nach Mecklenburg. Um die 10. Klasse besuchen zu können, mußte sie in ein Internat. Ihr Berufswunsch: Lehrerin. An freien Wochenenden blieb sie gerne dort, wartete doch zu Hause ein alkoholisierter Stiefvater auf sie. Eigentlich ein abschreckendes Beispiel. Doch es sollte anders kommen.

„Nachdem ich mein Studium begann, habe ich ziemlich schnell meinen Mann kennengelernt. Er hatte alles, was ich mir erträumte. Wir waren zu Hause sechs Kinder und arm wie

Kirchenmäuse. Er war der einzige Sohn und hatte Geld. Deshalb nahm ich auch sein Angebot an, die Schule zu verlassen und seine Frau zu werden." Sie war gerade 18 Jahre alt. Bis zur Geburt ihrer Tochter im Jahre 1968 schien die Ehe äußerlich in Ordnung zu sein. Die gelegentlichen „Ausrutscher" ihres Mannes mit anderen Frauen wurden säuberlich verheimlicht. Man war sehr auf den guten Ruf bedacht. Herzlinde arbeitete noch als Fachverkäuferin und nahm 1972 an einem Kurs für Steno und Schreibmaschine teil, um als Sekretärin in einer LPG zu arbeiten.

**Gründe gibt es immer wieder**

Betriebsfeiern wurden selbstverständlich nicht ausgelassen. Hier trank sie, was für viele ganz normal war, auch schon mal einen über den Durst. Auch zu Hause gab es ab und zu alkoholische Getränke. „Aber irgendwann stellte ich fest, daß ich unter Alkoholeinfluß leichter in unserer Ehe Frau sein konnte", sagt sie.

Das Fremdgehen ihres Mannes entwickelte sich für ihn im Laufe der Zeit zu einer reizvollen Nebenbeschäftigung, und Herzlinde spülte ihren Frust mit Alkohol runter. Doch das führte 1979 zu ernsten Schwierigkeiten. „Mein Mann hatte ein Verhältnis, das schon über ein halbes Jahr ging, und dementsprechend sprach ich dem Alkohol zu. Als ich eines Morgens mit einer Fahne zur Arbeit kam, stellte mich mein Chef zur Rede. Er hatte wohl schon geahnt, daß ich nur noch dann richtig schreiben konnte, wenn ich getrunken hatte."

Herzlindes Neigung blieb natürlich auch zu Hause nicht verborgen. Ihr Mann versuchte, sie davon abzubringen. Sie suchte sich immer neue Verstecke für die Flaschen. Kam ihr Mann dahinter, schloß er die Schränke ab oder nahm die Flaschen weg. Sie brach mehrmals in ihrer eigenen Wohnung Küchenschränke auf, hinter denen sie Alkohol vermutete.

Schlimm war auch, daß ihr Mann offensichtlich mit Alkohol viel besser umgehen konnte. Bei ihm zeigten sich keine Auswirkungen wie bei ihr.

Im Betrieb folgten die ersten Verweise. Für Herzlinde kein Grund, nicht mehr zu trinken. Schließlich hatte sie ja auch ein gutes Alibi: die Untreue ihres Mannes. Drei Jahre später war sie soweit, die Scheidung einzureichen. Allein auf sich gestellt, bekam sie den Alkohol aber auch nicht in den Griff. „Es war keiner mehr da, der mir den Alkohol verbot, also trank ich weiter. Besonders an den Wochenenden trank ich viel. Ich war jedesmal froh, wenn der Montag kam und ich wieder zur Arbeit gehen konnte."

**Ein Arzt half zum Leben**

Nach einer Entziehungskur in Ückermünde und dem anschließenden Rückfall floh sie 1984 zu ihrer Mutter. Inzwischen wog Herzlinde nur noch 51 Kilo bei einer Größe von 1,70 Meter. Dort fand sie in einem Kaufhaus eine neue Arbeitsstelle. Natürlich wurde ihre Kaderakte dorthin geschickt. Sie mußte ihren Chefs versprechen, keinen Alkohol mehr zu trinken. Vier Monate hielt sie durch, dann wurde sie mit einem Flachmann am Mund erwischt. Eine Bewährungsfrist, in der sie als Reinigungskraft eingesetzt wurde, folgte. Sie war mal wieder am Ende. Auch körperlich, deshalb mußte sie einen Arzt aufsuchen.

Dieser Arzt war Christ. Er lud die abhängige Frau in die Gemeinde ein. Es hat lange gedauert, bis sie die Schwelle übertreten konnte. In einer Gesprächsgruppe lernte sie Hans-Joachim kennen. Beide gingen in die Gemeinde. Einige Monate später wurde sie Christ. „Sicher halfen auch die Gebete meiner Schwiegermutter dazu. Mir wurde ein neues Leben geschenkt. Auch mit meiner Arbeit ging es voran. Ich empfand das ‚Saubermachen' nicht mehr als Strafe. Später bekam ich dann die Stelle als Telefonistin. 1990 ließen mein Mann und ich uns in der Gemeinde taufen."

Vor vier Jahren gründeten sie eine Suchtgefährdetengruppe und helfen seitdem Menschen, denen es ähnlich geht, wie es ihnen gegangen ist.

# PETER:

## *„Mit dem Panzer zum Schnapsholen"*

Den 18. September feiert Peter Grosch als seinen Geburtstag. Zwar wurde er an einem anderen Tag geboren, aber seit diesem Tag im Jahre 1978 trinkt er nicht mehr. Der Schlußpunkt hinter eine traurige Lebensgeschichte.

Bis zu seinem 7. Lebensjahr wohnte Peter mit seinen Eltern in der Rhön. Sein Vater starb bei einem Bergwerksunglück 1962, wenig später starb seine Mutter an einer Krankheit. Für ihn ein Grund, seine Eltern zu hassen, denn schließlich hatten sie ihn alleine gelassen. Dieser Haß übertrug sich aber auf die Erwachsenen allgemein. Zwar suchte Peter bei ihnen Liebe und Geborgenheit, vertraute sich ihnen aber nicht an.

Als er 14 Jahre alt war, trank er zum ersten Mal Alkohol. Eine umwerfende Erfahrung. Plötzlich konnte er auf Leute zugehen, plötzlich konnte er Späße machen und war nicht mehr so verschlossen. Das Heimkind entdeckte eine völlig neue Welt. Doch diese Welt sollte sich als Scheinwelt entpuppen. Mit 15 hatte er sein erstes Delirium, mit 16 mußte Peter zum ersten Mal zu einer Entziehungskur. Er kam vom Alkohol nicht mehr los. Er verpflichtete sich freiwillig für 10 Jahre Nationale Volksarmee, in der Hoffnung, dort vom Suff loszukommen. Weit gefehlt. Hier ging die Trinkerei erst richtig los. Der Gipfel war erreicht, als er eines Tages einen unbändigen

Durst verspürte. Da auf dem Gelände kein Tropfen mehr aufzutreiben war, mußte schleunigst Abhilfe geschaffen werden. Peter schwang sich unversehens in seinen Panzer und fuhr nach Rostock in die Stadt zum Schnapsholen. Nach dem Militärknast, in den er dafür eingebuchtet wurde, warf man ihn aus der Armee raus.

**„Frohe Botschaft" in der Manteltasche**

In den folgenden Monaten lungerte er auf Parkbänken und in Bahnhöfen rum und schlug sich mehr schlecht als recht durch. Wenn es ganz schlimm wurde, machte er mal wieder eine Entziehungskur. Mit dem Ergebnis, daß sie nur zeitweise helfen konnte, hatte er sich inzwischen abgefunden. Zum Schluß schlief er immer auf einer Bank in der Nähe der Klinik. Für den Notfall.

Irgendein Mensch wollte dem total betrunkenen jungen Mann offensichtlich etwas Gutes tun und steckte ihm nachts die Kirchenzeitung „Frohe Botschaft" in die Manteltasche. Er las sie und entdeckte die Anschrift des Diakonischen Zentrums in Serrahn. Mit der Zeitung in der Hand ging er zu einem katholischen Kaplan und bat darum, daß er ihn nach Serrahn fahren solle. Weil der aber vielleicht selbst die „Erste Hilfe" leisten wollte, behielt er Peter erst mal da. Natürlich fragte dieser nach Alkohol. Der Geistliche setzte ihm eine Flasche Schnaps vor. Peter trank sie zum Erstaunen des Kaplans in wenigen Minuten aus. Jetzt bekam der Patres es doch mit der Angst zu tun. Außerdem kotzte ihm der Gast kurzerhand auf seinen Teppich. Das mußte ja auch nicht unbedingt sein! So lud er ihn also in seinen Wagen und fuhr ihn nach Serrahn.

In Serrahn lief nicht alles wie am Schnürchen. Im Gegenteil. Peter machte den Mitarbeitern viele Schwierigkeiten. Vielleicht, weil er gegen jeglichen Heimaufenthalt eine Aversion entwickelt hatte. Die Zuwendung, die er bekam, ließ ihn anfangs mißtrauisch werden. In Serrahn konnte er nicht bleiben. Um ihm eine weitere Chance zu geben, schickte man ihn zu Dr. Richter nach Elbingerode. Nach 14 Tagen flog er dort ebenfalls raus. Er konnte das Trinken einfach nicht lassen. Mit dem Taxi fuhr er zurück nach Serrahn.

**Ein katholischer Jugendtag und die Folgen**

Peter lebte eine längere Zeit im Diakonischen Zentrum. Bei einer Besinnungswoche kam er zum Glauben. Gesundheitlich war er durch das Trinken sehr angeschlagen. Während dieser Zeit arbeitete er als Schlosser auf einem volkseigenen Gut. Von Serrahn kam er in einem kirchlichen Krankenhaus in Ludwigslust unter. Während seines Krankenhausaufenthalts lernte er die Krankenschwester Dietlind kennen, die später seine Frau wurde. Beide begannen eine Tätigkeit in einem Alten- und Pflegeheim in Schwerin. Neben der Arbeit bauten sie eine AGAS-Gruppe auf. Nachts zogen die beiden durch die Schweriner Straßen, um Alkoholiker aufzulesen. In ihrer Wohnung machten sie Platz. Nicht ohne Probleme: Ein betrunkener Parteigenosse der SED, den die Groschs mit nach Hause geschleppt hatten, wollte sie am anderen Tag wegen Entführung anzeigen. Aber es gab auch andere Begebenheiten. Zum Beispiel die mit dem Lehrer der Bezirksparteischule. Heimlich kam er morgens zu Peter Grosch, um sich beraten zu lassen.

Eines Tages durfte Peter auf einem katholischen Jugendtag über seine nebenberufliche Arbeit berichten. Spontan legten die Jugendlichen ein Opfer zusammen: 18 000 Mark! Ausgerechnet von diesem Jugendtag trampte ein Mädchen mit dem Landespastor für Diakonie. Als sie ihm von der großen Kollekte erzählte, wurde das zum Aufhänger, Peter Grosch in Schwerin eine Planstelle für die Alkoholikerarbeit anzubieten. Seitdem arbeitet er hauptamtlich in der Stadtmission in der

Alkoholikerfürsorge als Suchtreferent. Seit 1991 sogar als Referent für Gefährdetenhilfe und als Geschäftsführer der Landesgeschäftsstelle gegen Suchtgefahren. Eine wichtige Tätigkeit, denn in Mecklenburg – so die Schätzungen von 1991 – sind vier Prozent der Bevölkerung alkoholkrank und zehn Prozent mißbrauchen Alkohol.

# HANS:

## *„Ich war im Trinken Weltmeister"*

Keiner will Alkoholiker werden. Die meisten Menschen, die ihr Trinkverhalten nicht mehr kontrollieren können, sehen das selbst erst als letzte ein. Kein Wunder, werden doch süchtige Menschen von anderen oft als „Abschaum der Gesellschaft", als „Reibungsverluste der Konsumwelt" oder als „tragische Figuren des Wohlstands" angesehen. Auch wohlwollende Reaktionen, die den Betroffenen letztlich nur deutlich machen, daß sie ein Problem sind, helfen ihnen nicht weiter.

Daß sie ein Problem haben, das ist den meisten Alkoholikern bewußt. Doch bis es soweit kommt, müssen sie einen langen Weg zurücklegen. Einen wechselhaften Weg zwischen Hoffen und Bangen, zwischen dem Gefühl, sehr gut mit Alkohol umgehen zu können, und dem Wissen, doch immer wieder reinzufallen.

Die Frage „Wer hat wen in der Hand?" kam für Hans erst nach fast 20 Jahren. Seinen letzten Schluck Alkohol trank er am 19. Mai 1980. Bis dahin hatte er sein Kontingent reichlich überschritten.

## Von zu Hause in die große Stadt

Es gibt zwei Gruppen, die besonders anfällig für Alkoholprobleme sind. Die einen kommen aus einem zerrütteten Elternhaus, meistens haben die Eltern schon getrunken. Die anderen kommen aus einem sogenannten „guten Elternhaus". Sie haben als Kinder kaum Probleme gehabt, sondern wuchsen wohlbehütet auf.

Hans gehörte zur zweiten Kategorie. Seine Eltern haben niemals zuviel getrunken, und er hat seinen Vater nie betrunken gesehen. Das Entscheidende für ihn war, daß er mit seinen Freunden regelmäßig in Gaststätten ging. Er wollte sich nicht ausgrenzen. In dem kleinen Dorf Kremmin (im Kreis Ludwigslust) mußte er sich seinen Platz in der Dorfjugend erkämpfen. Da kam es ihm zugute, daß er in Sachen Alkohol einiges vertragen konnte. „Mit 18 Jahren war ich bereits Profi. Ich fühlte mich auch als Mann, wenn ich meine Kollegen unter den Tisch trinken konnte. Nach einiger Zeit wurde ich im Dorf auch als einer gehandelt, der auf diesem Gebiet etwas darstellte. Ich ließ mir dann natürlich nicht mehr die Butter vom Brot nehmen", erzählt er rückblickend.

Nach dem Abitur lernte er zunächst Landwirt, um später Melioration zu studieren. Ein Fach, das zur landwirtschaftlichen Fakultät gehörte und sich mit Tief- und Wasserbau beschäftigte. Als er in Rostock mit dem Studium begann, lernte er das „harte Leben" kennen. Hier wehte ein anderer Wind als in seinem Heimatdorf. Auch verlangte das Studium eine hohe Leistungsbereitschaft. Aus den heimatlichen Gefilden in die „große weite Welt" geschickt, suchte Hans Zuflucht in alkoholischen Getränken. Mit der Zeit entwickelte er ein abendliches Ritual: „Zuerst ging es am Doberaner Platz ins ‚Führerhauptquartier'. So nannten wir die Kneipe ‚Zum Grabor'. Leider hatte die aber nur bis 22.00 Uhr geöffnet, so daß wir danach immer noch mal schräg gegenüber ‚Zur deutschen

Fahne' einkehrten. Bis 23.00 Uhr gab's da zu trinken. Danach gingen wir immer noch in die ,Torschenke'. Das war für mich eine feste Gewohnheit."

Hier kam es dann auch zu Mutproben ganz besonderer Art. Als Hans einmal vom Sporttraining kam und in der ,Deutschen Fahne' eine Brause trank, hänselten ihn seine Tischnachbarn deshalb. Männer hatten ihrer Meinung nach Bier zu trinken und keine Brause! Ein fataler Fehler, denn Hans konnte das nicht auf sich sitzen lassen. Im kurzfristig anberaumten Wett-Trinken mußten die Jungs nach 25 Bieren die Segel streichen, während Hans nach fast der doppelten Menge dem Wirt noch sagen konnte, wer an diesem Abend die Zeche zahlen mußte ...

**Nachtschichten für die Trinkerei**

Dieses Wett-Trinken war nur eins von vielen denkwürdigen Ereignissen, denn Hans merkte immer deutlicher, daß er von fünf oder zehn Bieren nichts hatte. Um die gewünschte Wirkung zu erreichen, wurden es von Mal zu Mal mehr. Doch das wurde teuer. So war der Weg zu härteren Getränken allein aus Kostengründen vorgezeichnet. Hans merkte, daß sein Trinkverhalten während des Studiums ein anderes wurde als zu Hause. „Trank ich dort vor allem aus Geselligkeit, so trank ich in Rostock, um Probleme zu bewältigen. Ich hatte mir durch den Alkohol eine eigene Welt aufgebaut. Sie sollte sorgenfrei sein. War sie aber nicht. Immer wenn ich die Sorgen runterspülte, wurden sie danach um so größer. Aus diesem Teufelskreis kam ich nicht raus."

Als die Prüfungen kamen, warf Hans das Handtuch. Als offizielle Begründung gab er an, er wolle endlich Geld verdienen und von nun an arbeiten gehen. Die wahren Gründe lagen aber anders. Mit seinen 160 Mark Stipendium kam er gerade mal eine Woche aus. Weil er die restlichen drei Wochen nicht auf dem trockenen sitzen wollte, schob er regelmäßig Nachtschichten im Überseehafen. Das war kein Zuckerlecken. In fünfeinhalb Stunden mußte er 75 Tonnen an 85 Kilosäcken in einen Waggon laden. Sauer verdientes Geld. Für eine Nachtschicht bekam er 21,50 Mark. Gerade genug, um den unbändigen Durst am nächsten Morgen im ‚Führerhauptquartier' zu stillen. Innerhalb von zwei Stunden war das Geld versoffen.

Das war 1965. Die Studienkollegen in Rostock hatten schnell gemerkt, daß mit Hans etwas nicht stimmte. Auch die Professoren merkten es. Mit „einem in der Krone" erzielte er beim Mikroskopieren nicht gerade die genauesten Ergebnisse! Aber meistens wurde das mit einem müden Lächeln quittiert. In vielen Fächern konnte Hans auch mit Tricks seine Leistungen einigermaßen halten.

Die Eltern bekamen langsam Angst um ihren Jungen. Sie schlugen ihm gegenüber einen „ziemlich schroffen Ton an". „Aber als ich erst mal in dem Fahrwasser war, kam ich schlecht da wieder raus. Zu Hause gab's viel Ärger, weil ich oft betrunken war. Die Folge davon: Ich ging anschließend immer in eine Kneipe, um den Ärger runterzuspülen. Dabei meinten es meine Eltern wirklich gut mit mir. Im Grunde genommen wollten sie, daß ich es besser haben sollte als sie. Sie haben mich so gut wie möglich unterstützt. Doch letztlich finanzierten sie mir nur das Bier. Jede Mark, die sie mir zusätzlich gaben, landete unversehens in irgendeiner Kasse einer Gastwirtschaft."

## Die ersten Versuche loszukommen

Von Rostock kam Hans wieder in sein Heimatdorf Kremmin und bekam in der Nähe eine Stelle als Maschinist beim VEB Meliorationsbau. Im Fernstudium machte er seinen Meisterbrief nach und stieg schließlich zum Meister auf. Seinen ungezügelten Durst wollte er auch in den Griff bekommen: „Ich dachte, wenn ich jetzt jeden Tag mit dem Motorrad zur Arbeit fahren muß, würde ich automatisch weniger trinken. Pustekuchen. Ich habe zwar nicht mehr während der Arbeitszeit getrunken, dafür abends um so mehr!", weiß er heute aus dieser Zeit zu berichten.

Oft konnte er den Feierabend kaum erwarten. Dann ging's auf Tour. Das Motorrad hielt ihn nicht vom Trinken ab. „Wenn eine Kneipe schloß, fuhren wir damit in die nächste. Heute kann ich nur den Kopf schütteln, was mir alles hätte passieren können und mir nicht passiert ist." Mehr als einmal wachte Hans mit schwerem Kopf morgens in seinem Bett auf, zog sich an und suchte sein Motorrad. Vor dem Haus stand es nicht. Oft ist er dann den ganzen Weg bis zur letzten Kneipe gelaufen. Manchmal lag die Maschine neben irgendeinem Baum. Er hatte von allem nichts gemerkt. Hinterher fragte er in seinem Bekanntenkreis rum, wer am letzten Abend dabeigewesen sei, um die Vorgänge zu rekonstruieren.

Als Meister konnte er sich natürlich nicht lange halten. Seine Flucht begann. Fünf Kilometer von seinem Dorf entfernt nahm Hans eine Stelle als Materialversorger an. Dadurch bekam er viel Freiraum. Er mußte ständig unterwegs sein, um das Material zu beschaffen. Er kaufte sich einen Trabant, in der Hoffnung, daß das Auto ihn vom Trinken abhalten würde. Schließlich riskierte man in der ehemaligen DDR mit jedem Schluck Alkohol seine Fahrerlaubnis, wenn man erwischt wurde. Doch das funktionierte nicht. Die meisten Geschäfte wurden nämlich in Kneipen abgeschlossen. An Material kam man nur durch Tausch oder wenn man den Geschäftspartner mit Alkohol in gute Stimmung versetzte. So merkte Hans ziemlich schnell, daß die Planwirtschaft mit einer guten Buddel Schnaps entscheidend beeinflußt werden konnte.

Außerdem hatte er durch diese Geschäfte immer wieder Gründe, das Werksgelände zu verlassen. Für ihn jedesmal eine neue Chance, sich unbemerkt kräftig zulaufen zu lassen.

Doch auch das gab es: Immer wieder versuchte er, zwei oder drei Tage am Stück ohne Alkohol auszukommen. Wenn er das schaffte, sagte er sich, daß es mit der Sucht ja gar nicht so schlimm war, wie er gemeint hatte. Ein Grund zum Feiern. An einem Tag wurden die drei „trockenen Tage" wieder aufgeholt.

**Schiffsbrüchig vor der Stalltür**

Mehr und mehr zwang der Alkohol Hans in die Knie. „Es war für mich die reine Katastrophe, als ich erkennen mußte, daß der Alkohol mich voll in seiner Macht hatte. Das war eine bittere Erfahrung. Ich konnte mich mit Händen und Füßen dagegen sträuben, aber ich mußte mich langsam mit diesem beschämenden Gefühl vertraut machen."

Hans merkte, daß Alkohol den Durst nicht stillt, sondern ihn erst richtig weckt. Seit 1975 arbeitete er als Tiefbauarbeiter in Ludwigslust. Mehrere Arbeitsstellen hatte er bis dahin schon gehabt. Der Alkohol beendete die Arbeitsstellen immer abrupt. Doch ohne ihn zu leben, das konnte Hans nicht mehr. Meistens wachte er morgens um 4.00 Uhr auf und begann langsam schluckweise Schnaps zu sich zu nehmen. Immer mit der Angst, daß er nicht drinnenbleibt: „Ich hatte mir immer vom Abend etwas Vorrat übriggelassen. Wenn ich nämlich keinen Alkohol im Haus hatte, war ich schweißgebadet, bekam Angstzustände und zitterte. Ich konnte dann selbst mit zwei Händen die Kaffeetasse nicht heben, ohne zu verschütten. Deshalb fing ich um 4.00 Uhr an zu trinken, damit ich mich um 6.00 Uhr überhaupt alleine anziehen konnte. In diesem Stadium merkte ich aber, daß ich ganz dringend Hilfe brauchte. Alleine kam ich da niemals raus."

Ein Nervenarzt in Schwerin erklärte Hans, er müsse mindestens ein halbes Jahr ohne Alkohol leben, um wieder klarzukommen. Das erschien ihm kein Problem zu sein. Denn wenn der Arzt ein halbes Jahr meinte, dann würde es ein Vierteljahr doch bestimmt auch tun. Es war kurz vor Weihnachten 1976. Hans schraubte die alkoholfreie Zeit bis auf vier Wochen runter. Doch etwa ein Jahr später kam es dann zum Zusammenbruch. Er mußte mit einer Alkoholvergiftung in die Nervenklinik in Schwerin eingeliefert werden.

„Ich war froh darüber", erinnert er sich. „Ich war wirklich felsenfest davon überzeugt, daß es das letzte Mal war, daß ich gesoffen habe. Eine Woche lang dauerte diese staatliche Entwöhnungskur. Als ich wieder einigermaßen auf den Beinen stand, mußte ich in eine Außenstelle. Dort habe ich gearbeitet."

Er durfte Schweineställe ausmisten. Doch diese Arbeit störte ihn nicht weiter. Auch spürte er, wie sein Körper immer mehr zu Kräften kam. Aber letztlich helfen konnte ihm diese Entwöhnungskur nicht. Ein Vierteljahr später begann er erneut zu trinken.

## Ein rapider Abstieg nach Serrahn

Bis 1980 begrüßten ihn die Schwestern und Pfleger noch dreimal in der Schweriner Nervenklinik, nachdem etliche ambulante Behandlungen nicht gefruchtet hatten. Im März 1980 lag Hans mit einem anderen Alkoholiker auf einem Zimmer. Dieser erzählte ihm vom Diakonischen Zentrum in Serrahn. Hans hörte diesen Namen zum ersten Mal. Er wäre sehr wahrscheinlich dort nicht gelandet, wenn die Entziehungskur den gewünschten Erfolg gebracht hätte. Doch schon als sich Hans im April 1980 das Krankengeld in Schwerin abholte, gab er es in der nächsten Kneipe wieder aus. Danach ging der Abstieg so rapide, daß er bereits nach vierzehn Tagen wieder völlig fertig war.

Wohin sollte er sich nun wenden? Zu den Ärzten konnte er nicht mehr gehen. Er erinnerte sich an Serrahn und bat seine

Mutter, mit ihm dort hinzufahren. „Ein trauriges Bild. Eine Mutter fährt mit ihrem 35jährigen erwachsenen Sohn in eine kirchliche Einrichtung, weil sie dort die allerletzte Hilfe erhofft." Beim ersten Gespräch mit Heinz Nitzsche sprudelt es aus Hans heraus: „Warum bin ich überhaupt auf der Welt?" Heinz antwortete: „Wenn du das nicht weißt, dann bist du hier genau richtig!"

Am 19. Mai trank Hans seinen letzten Schluck Alkohol. An diesem Tag zog er im Diakonischen Zentrum ein. Natürlich fiel auch ihm die Liebe auf, mit der die Mitarbeiter ihm begegneten. Aber Mühe hatten sich die Ärzte und Schwestern während der staatlichen Entziehungskuren auch gegeben. Doch irgend etwas war anders in Serrahn. „Die Mitarbeiter lebten das, was sie uns in den täglichen Andachten erzählten."

Die Andachten waren ohnehin für Hans ein Schlüsselerlebnis. Auch wenn er am Anfang damit nichts anfangen konnte und nicht viel vom Inhalt mitbekam. Es erstaunte ihn, daß dort 25 bis 30 Männer zwischen 20 und 50 Jahren mit voller Kehle christliche Lieder sangen. Männer, die früher vielleicht Kneipenlieder und Gassenhauer geschmettert hatten, für die „Trink doch einen mit, stell dich nicht so an . . ." oder „Trink, Brüderchen, trink . . ." die Hits waren. Hier sangen sie auf einmal „Großer Gott, wir loben dich . . ." oder „Welch ein Freund ist unser Jesus". Das mußte Hans erst mal verkraften.

Nach einer Woche war er körperlich wieder so hergestellt, daß er an einer Besinnungswoche in Neustadt am Rennsteig (Thüringen) teilnehmen konnte. Das Konzept von Entzug in Serrahn und Besinnung an einem anderen Ort funktionierte. Mit einer Truppe von vier Alkoholikern fuhr Hans mit dem Zug dorthin. Gemischte Gefühle in der Magengegend, verworrene Gedanken an seine Vergangenheit im Kopf. „Ich wußte überhaupt nichts mit einer Besinnungswoche anzufangen. Ich war doch eigentlich schon zur Besinnung gekommen. Aber es beeindruckte mich, daß dort so unterschiedliche Menschen zusammenkamen. Einige hatten nie Probleme mit Alkohol, andere hatten sie bewältigt, wieder andere tranken noch. Vor allem faszinierten mich die Zeugnisse von Menschen, die vom Alkohol frei geworden waren. In dieser Woche wurden auch spezielle Fragen anhand der Bibel beantwortet. An diesem Buch mußte etwas dran sein. Mir wurde klar, daß Gott mich liebte. Wenn auch sonst alle Menschen mit mir Schwierigkeiten hatten, er liebte mich. Die Mitarbeiter sagten uns, daß wir mit Gottes Hilfe ein neues Leben beginnen könnten. Und wer wollte das nicht?"

## „Gott wollte, daß ich lebe"

Hans machte einen neuen Anfang. Sein Leben drehte sich um 180 Grad. „Wenn ich heute auf mein Leben zurückblicke, bin ich dankbar, daß ich einen festen Halt habe. Im nachhinein sehe ich auch die vielen Unfälle, bei denen nichts passiert ist, als Gottes Führung an. Er wollte, daß ich lebe."

Heute leitet Hans das Nachsorgezentrum in Linstow. Daß er einmal bei dieser Arbeit hängenbleiben würde, wäre ihm früher nie im Traum eingefallen. Aber seine Entwicklung sieht er als „Weg der kleinen Schritte". Nachdem er frei geworden ist, hielt er selbst einige Andachten in Serrahn. Nach drei Jahren fragte Heinz Nitzsche ihn, ob er Mitarbeiter werden wolle. Hans absolvierte eine einjährige Bibelschule und arbeitete seit 1984 als Arbeitstherapeut. Zu seiner Alkoholikerlaufbahn und der heutigen Arbeit meint er: „Wenn man das selbst mitgemacht hat, kann man sich besser in die Lage der anderen versetzen."

# RAINER:

## *„Entweder in den Knast oder zum Beten"*

Was wollten diese Menschen in seinem Zimmer? Sie kamen immer näher. Jetzt erkannte er sie. Zigeuner! Was wollten die von ihm? Hastig packte Rainer Nast an diesem Abend seinen Koffer. Später stellte er fest, daß er nur völlig sinnlose Dinge einpackte. Aber zu dem Zeitpunkt war ihm das egal. Hauptsache, schnell weg!

Doch nachts um zwei endete seine Flucht auf dem Marktplatz. Zwei Volkspolizisten stoppten ihn. Sie wunderten sich über den späten Reisenden, zumal er ihnen nicht unbekannt war. Was er denn hier wolle? herrschte eine tiefe Stimme ihn an. „Ich werde verfolgt!" rief Rainer. „Zigeuner wollen mir an den Kragen!" Doch die gewissenhaften VoPos sahen keine Zigeuner. „Kein Wunder", stammelte Rainer, „sie haben sich versteckt, weil sie euch gesehen haben."

Es waren tatsächlich keine Zigeuner da, sondern der alkoholabhängige junge Erwachsene hatte mal wieder versucht, vom Alkohol loszukommen. Nach zwei Tagen fiel er in ein Trockendelirium. Für ihn eine denkwürdige Nacht, zog er doch daraus den Schluß: „Wenn du solche Dinge ohne Alkohol machst, mußt du versuchen, nie mehr ohne Alkohol zu sein." Doch fangen wir vorne an.

## „Mein Vater war ein schlechtes Vorbild"

Alkohol spielte im Familienleben der Familie Nast eine große Rolle. Der Vater war Offizier in der Nationalen Volksarmee und zelebrierte die Erziehung seiner vier Sprößlinge, als müsse er sein Corps exerzieren. Straffe Organisation und Ordnung hatte zu Hause zu herrschen, sonst gab's ordentlich was hinter die Löffel. Dazu kam eine dem staatlichen Bildungsauftrag entsprechende kommunistische Grundausbildung. Als Rainer im Jugendalter bei seinem Vater vorsichtig anfragte, ob er vielleicht auch in die Christenlehre gehen dürfe, wurde das mit einer gehörigen Tracht Prügel quittiert. Rainer zog daraus den Schluß, daß man von Gott lieber die Finger läßt, wenn allein schon der Versuch einer Bekanntschaft so unerfreuliche Folgen nach sich zog.

Wenn auch für Gott im Elternhaus kein Platz war, so hatte der Alkohol reichlich davon. „Trinken gehörte für mich zur Erwachsenenwelt dazu. Mein Vater gab mir das beste Beispiel dafür. Meine Eltern haben selbst aus Obst Wein angesetzt, und im Kühlschrank stand immer prima Sprit", erzählt Rainer.

Da sein Vater den Sold größtenteils in den unterschiedlichen Wirtschaften ausgab, mußte die Mutter arbeiten, um überhaupt Geld für die Familie zu haben. Sie war natürlich total überlastet, und die Ehe ging langsam in die Brüche. Für Rainers Vater ein weiterer Grund zu trinken. Die Folge: Ausschluß aus der NVA. Er mußte einen anderen Beruf erlernen. Rainer erinnert sich noch genau an diese Zeit:

„Ich mußte immer, wenn mein Vater Zahltag hatte, durch die Kneipen ziehen und ihn suchen. Irgendwie mußte ich ihm wenigstens einen Teil des Wirtschaftsgeldes abluchsen, bevor er alles versoff."

Abschreckende Wirkung hatte das nicht auf den zwölfjährigen Rainer, denn solche Situationen brachten auch handfeste Vorteile mit sich. Meistens saß beim Vater nämlich, „wenn er einen kleinen drinnen hatte", das Geld sehr locker. Und so wanderte immer der eine oder andere Schein auch in Rainers Tasche. Gut und Böse hielten sich also die Waage. Natürlich gab es auch die Situationen, in denen dem Vater alles hochkam. Seine Frau und die vier Kinder wurden dann der Reihe nach windelweich geprügelt. Rainer zog damals aber keine Verbindungen zum Alkohol.

**Zu Erwachsenen gehörte auch der Stoff**

Mit 14 Jahren zählte er sich nach der Jugendweihe „zur Erwachsenenwelt". Weil aus seiner Sicht der Alkohol ein Kennzeichen dafür war, trank er ab da auch öffentlich. Während andere nachmittags über den Hausaufgaben saßen, trieb Rainer sich mit seiner Clique in Kneipen rum. Anfang der siebziger Jahre kam die internationale Musikszene in die DDR, und um die „Rolling Stones" zu hören, mußte man schon mal die eine oder andere Jukebox unter Strom setzen. Auch seine Eltern dokumentierten dieses neue Gefühl, indem sie sagten: „Jetzt gehörst du zu den Erwachsenen, jetzt darfst du Schnaps trinken."

Die Lehre zum Maurer war auch nicht gerade gut geeignet, ihn von seinen alkoholischen Neigungen abzubringen. In der Baubrigade wurde der Tag immer mit Bier und Schnaps begonnen. Und wie der Tag anfing, so wurde er dann auch beendet.

1975 kam Rainer für eineinhalb Jahre zur Armee. In dieser Zeit merkte er, daß es ihm schwer fiel, einige Tage ohne Alkohol auszukommen. Heute sagt er, daß er mit 18 Jahren schon abhängig war. Not macht erfinderisch. So fand er auch während des Fahnendienstes immer wieder Wege, an Alkohol zu kommen. Offiziell durfte zwar in der Kaserne nicht getrunken werden, aber so offiziell ging es natürlich nicht immer zu.

Von der NVA zurück arbeitete Rainer auf dem Bau. Tagsüber, denn die Abende und Nächte waren ausgiebigen Zechtouren vorbehalten. Die Folgen waren klar: Auf der Arbeit ließ er aus Sicht der Vorgesetzten immer mehr an Einsatz vermissen. Auch Verweise und Entlassungen konnten ihn nicht mehr davon abbringen, den Alkohol als ständigen Begleiter zu haben. Weil Rainer später nicht einmal mehr auf betriebliche Verweise reagierte, kam er vor Gericht. Von wegen verfassungsrechtlich verankertes *Recht auf Arbeit.* In der DDR gab es auch eine *Pflicht zur Arbeit.*

**Vom Bau in den Bau**

Weil er dieser Pflicht nicht nachkam, wurde Rainer zu 18 Monaten Gefängnis verurteilt. Das war genau das Doppelte der Zeit, die er nicht mehr auf seiner Arbeitsstelle erschienen war. Im Knast war ihm klar, daß letztlich der Alkohol ihn in diese Lage gebracht hatte. Aber was sollte er jetzt daran ändern? Zunächst ging es mal darum, sich zwischen Homosexuellen, Tätowierern und Unterdrückern seinen eigenen Platz zu sichern. „Irgendwie habe ich einen Weg gefunden, mich da durchzuschlängeln. Schon früher in der Schule war ich ein guter Schüler. Meine geistigen Fähigkeiten nutzten mir im Knast. Ich konnte mir aufgrund meiner Intelligenz einen besonderen Platz erkämpfen", erinnert er sich. So kam es auch, daß er selbst im Knast nicht auf dem trockenen saß. Mit Brot und Obst stellte er sich selbst Wein her. Den versteckte er in einer Schüssel unterm Bett.

Aus dem Knast entlassen, mußte er feststellen, daß die Ehe seiner Eltern inzwischen geschieden war und sich seine Mutter in die BRD abgesetzt hatte. Sein Vater trieb sich irgendwo rum und schien ebenfalls total unten zu sein. Doch Rainer hatte im Knast einen Entschluß gefaßt: „Weil ich erkannt hatte, daß der Alkohol mein Problem war, nahm ich mir vor, wenn ich draußen bin, auf keinen Fall mehr zu trinken."

Ein Entschluß, der genau 2 Minuten hielt. Irgendwelche klugen Köpfe hatten in die unmittelbare Nähe des Gefängnisses ein Konsumgeschäft gebaut. Der Weg zum Sechserpack Bier war also nicht weit . . .

Der Außenaufenthalt war mit Auflagen verbunden. Rainer mußte sich einmal in der Woche bei der Polizei melden, durfte den Arbeitsplatz nicht wechseln und nach 22.00 Uhr keine fremden Personen bei sich übernachten lassen. Auch durfte er den Wohnort nicht verlassen. Da war natürlich so eine Begebenheit, wie am Anfang geschildert, nicht gerade die beste Ausgangsposition. Dazu kam, daß er schon nach kurzer Zeit nicht mehr arbeiten ging. Doch noch auf einem anderen Gebiet war er Spitze: Zeche prellen. Und seine Großeltern merkten, daß bei jedem Besuch von Rainer das Portemonnaie um einige Scheine erleichtert wurde.

Das Maß war aber erst endgültig voll, als Rainer mit einem Stein die Schaufensterscheibe eines Lebensmittelladens einschlug, um an Schnaps und Zigaretten zu kommen. Er war noch keine hundert Meter gelaufen, da nahm ihn die Polizei in Empfang. Ergebnis: 30 Monate Haft.

**Auf dem Weg zur Freiheit**

Wieder entlassen, stellte er fest, daß inzwischen zumindest auf einer Ebene wieder guter Kontakt zu seinem Vater bestand. Beide konnten gut zusammen saufen. Sein Vater war in der Zwischenzeit zu einer Entziehungskur im Diakonischen Zentrum in Serrahn gewesen, hatte es aber nicht durchgehalten. Er erzählte ihm von den Menschen dort und wie sie versuchten zu helfen.

Rainer suchte zunächst aber nicht den Kontakt zu ihnen, sondern hielt sich an seine alten Freunde, mit denen er meistens trinken ging. Als er eines Tages tatsächlich mal Geld in der Tasche hatte, gab es in der Kneipe furchtbaren Ärger. Weil er sich weigerte, für seine Freunde die Getränke zu bezahlen, schlugen sie ihn krankenhausreif. Mit einer Gehirnerschütterung und einem Nasenbeinbruch wurde Rainer eingeliefert. Im Krankenhaus besuchte ihn ein Mann, der in Serrahn trokken geworden war. Er besorgte für Rainer einen Platz.

Kurz vor Weihnachten war es dann soweit. Obwohl er mit sehr gemischten Gefühlen in Serrahn ankam, konnte Rainer von Glück sagen. Vor Weihnachten war es in der DDR nämlich üblich, daß die Polizei die Straßen säuberte. Penner, Alkoholiker und Wegelagerer erhielten über die Feiertage einen Sonderaufenthalt im Knast. Da wäre er bestimmt dabeigewesen. Auch wenn sein Vater selbst nicht freigeworden ist, riet er ihm doch, in jedem Fall in das Diakonische Zentrum zu gehen. Doch er gab ihm auch eine Warnung mit auf den Weg: „Mein Vater sagte, in Serrahn sei es schön und mir würde da geholfen. Nur eines müsse ich wissen: da würde gebetet. Für mich hieß die Alternative damals: Entweder du gehst in den Knast oder zum Beten. Ich entschied mich für letzteres."

Die Herzlichkeit und Liebe, die dem total fertig und mit blutunterlaufenen Augen ankommenden Rainer entgegengebracht wurde, hat ihn fast umgehauen. „Der Mitarbeiter, der mich vom Bahnhof abholte, sagte mir: ‚Schön, daß du hier bist!'. Das war für mich seit langem mal wieder ein positiver Satz. Trotzdem dachte ich: ‚Wartet ab, bis ihr mich kennengelernt habt!'"

Für die Wärme, das gute Essen und das Verständnis, das ihm entgegengebracht wurde, nahm er es auch in Kauf, beten zu müssen. Die Andachten und Gottesdienste gingen nicht spurlos an ihm vorbei. Trotzdem: Christ werden wollte er auf keinen Fall!

## Der Kampf mit Gott begann

„Aber mit der Zeit begann es, langsam in mir zu arbeiten. Die Berichte von ehemaligen Alkoholikern, die Andachten der Mitarbeiter, die Bibelarbeiten, langsam wurden Fragen und Zweifel in mir wach. Ich hörte mit der Zeit bei den Andachten genauer hin, fing auch an, selbst die Losungen zu lesen. Aber je mehr ich mich mit Gott beschäftigte, desto größer wurden meine Zweifel. Die Christen, wie sie doch oft daherredeten und anschließend ganz anders handelten. Wieviel Widersprüche gab es doch auch hier in Serrahn! Ich entschloß mich, daß auf die Dauer Serrahn und Gott für mich nicht die Lösung meiner Probleme sein konnten."

Die Erfahrung zeigte ihm, daß er auch ohne Gott ganz gut zurechtkam. Schließlich war er seit einiger Zeit trocken, arbeitete in einer LPG-Maurerbrigade und konnte Bier und Schnaps ablehnen. Und das alles ohne Gott! Oder war es vielleicht Gott, der ihn davor bewahrte, wieder zu trinken? Langsam kamen doch Zweifel an den eigenen Zweifeln auf.

Im Mai 1988 kehren zwei Mitbewohner von Rainer aus einem Heimaturlaub nicht mehr nach Serrahn zurück. Sie hatten wieder begonnen zu trinken. Durch dieses Erlebnis wurde ihm schlagartig klar, daß auch er sich zu entscheiden hatte. Wollte er auch gehen? Was wäre, wenn dann wieder alles von vorne anfing. Er hatte doch eine so gute Zeit hier gehabt. Doch letztlich stand gar nicht die Frage „Gehen oder bleiben?" zur Debatte, sondern „Entscheide ich mich für oder gegen Gott?". Eines Abends schlich er aus dem Haus und ging an den nahe gelegenen See. Dort erlebte er ein Jahr vor der politischen Wende in seinem Land eine Wende in seinem Leben:

„Ich dachte über mein Leben nach. Wieviel Schmutz hatte sich inzwischen angesammelt? Wieviel Schulden hatte ich gemacht, wie viele Leute bestohlen und verprellt? Ich überlegte hartnäckig nach einer Lösung für all meine Probleme, fand aber keine. Schließlich kniete ich nieder und bat Gott um Hilfe. Ich legte ihm meine ganze Unzufriedenheit mit mir selbst und mit dem Leben vor die Füße. Aber ich hatte noch viele Zweifel. Ich wußte doch gar nicht, ob es Jesus überhaupt gab. Aber ich betete zu ihm: ‚Herr, wenn es dich gibt und wenn es wahr ist, was die Christen über dich sagen. Wenn du wirklich das Leben total verändern kannst, dann heile mein kaputtes Leben!'"

## Ein neuer Horizont

Was geschah danach? „Nicht viel", erinnert sich Rainer. „Meine Welt war nicht schlagartig toll und auch die Probleme waren nicht weg. Aber irgendwie hatte ich so ein Gefühl, daß ich in dieser Nacht etwas ganz Entscheidendes getan hatte. Erst in den nächsten Wochen, im Gottesdienst und in der Bibelstunde wurde mir bewußt, wie arm und verloren ich eigentlich war. Aber durch das Beten fand ich einen Neuanfang in meinem Leben. Früher habe ich die Schuld immer bei anderen gesucht und mir selbst etwas vorgemacht. Aber nun hatte ich die Quelle gefunden, bei der ich Vergebung und Liebe bekam.

Auch Probleme, die sich wie Berge vor Rainer auftürmten, konnten mit der Zeit gelöst werden. Für die Schulden wurde ein Rückzahlungsplan aufgestellt. Durch Briefe bekam er wieder Kontakt zu seinen Verwandten, die sich von ihm abgekehrt hatten. Sicher ging das nicht so leicht, wie es sich hier vielleicht liest. Aber keins dieser Probleme war für Rainer ein Grund, wieder zur Flasche zu greifen.

# ANNETTE:

## *„Zwischen Oma und Eltern hin- und hergerissen"*

Alkoholiker schaden nicht nur sich selbst. Vor allem ihre Familien haben unter der Sucht zu leiden. Egal, ob der Vater oder die Mutter trinkt, an den Kindern geht das niemals spurlos vorbei. Sie werden hin- und hergerissen, erleben die Sucht der Eltern viel gravierender als die Betroffenen selbst. Besonders Kleinkinder können überhaupt nicht einordnen, warum Papa oder Mama so sind, wenn sie getrunken haben.

In Serrahn wird deshalb versucht, die Familien der Männer soweit wie möglich in die Therapie einzubeziehen. In Ausnahmefällen werden auch schon mal Ehepaare aufgenommen. Und auch den Kindern wird versucht zu helfen.

„Ich erinnere mich noch genau an diese Momente, wenn Papi mal nüchtern nach Hause kam. Muttis Augen strahlten vor Glück. Auch wir Kinder strahlten. Er brachte uns dann meistens etwas Süßes mit. So liebten wir ihn." Das schreibt Annette über ihre Kindheit. Leider erlebte sie diese Augenblicke viel zu selten. Aber wenn, dann gab ihr das enorme Kraft für die restlichen Tage in der Woche, die meistens anders verliefen.

## Ein Schornsteinfeger und die „Hölle"

Ihr Vater war Alkoholiker. Der Schornsteinfeger hatte sich aber nicht nur mit dem Alkohol eingelassen, sondern auch mit dem Teufel. Der Okkultismus hatte in seinem Haus einen breiten Raum bekommen, und so brachte der Vater über die Familie doppeltes Leid. „Wenn ich getrunken hatte, wurde ich zur Bestie!" erinnert er sich an diese dunkle Zeit seines Lebens. „Alle, die mich liebhatten, stürzte ich in Leid und Unglück." Er schlug im Suff um sich, verprügelte die Familie und fluchte lauthals im Haus.

Für die Kinder war es die Hölle, wenn ihr Vater getrunken hatte. Sie mußten aber auch erleben, was viele andere Kinder aus Familien mit Problemen erleben müssen: Statt daß sich andere Leute um sie kümmern, wenden sie sich ab. Der Fall liegt oft auf der Hand: Kinder aus Alkoholiker-Familien sind asozial – und mit Asozialen gibt man sich nicht ab! So einfach ist das. Wie die Kinder das selbst empfinden, was sie fühlen, mit wem sie vielleicht gerne einmal sprechen würden, zählt nicht, wenn es um den Schein nach außen geht. Der eigene Stand muß gewahrt bleiben – und asoziale Kontakte schaden da nur. So haben Annette und ihre zwei Schwestern kaum mit den Kindern aus der Nachbarschaft spielen dürfen. Sie wurden sogar von deren Eltern beschimpft.

Annette blieb überwiegend nur die Flucht zur Mutter des Vaters. Sie wurde zu einem „Oma-Kind". Für sie ein besonderer Segen, denn ihre Oma hatte eine gute Beziehung zu einem, der später der Familie aus ihrer Situation heraushalf: Gott. „Meine Oma brachte mir das Beten bei. Ich hatte eine Beziehung zu Gott, aber es war nicht einfach. Ich spürte im Innern, daß er mich liebte und meinen Eltern helfen konnte, aber ich stand zwischen zwei Fronten."

Auf der einen Seite war die Oma, die ihr Gott lieb machte. Auf der anderen Seite eine Mutter, die alles Religiöse für

Quatsch hielt. Zum Entsetzen der kleinen Tochter dichtete sie sogar das Abendgebet um: „Ich bin klein, mein Herz ist rein. Soll niemand drin wohnen als meine Kinder allein."

**Eine Abtreibung, die nicht stattfand**

Annette und ihre Schwestern erlebten ihre Jugend zwischen Hoffen und Bangen. Ihr Vater entschloß sich zu einer staatlichen Entziehungskur. Würde jetzt alles gut werden? Würden sie jetzt eine glückliche Familie? Wie reagierten die anderen in der Straße, wenn sie mitbekommen, daß der Vater nicht mehr trinkt?

Doch alle Hoffnungen waren umsonst. Nach der viermonatigen Kur war ihr Vater zwar drei Monate trocken, danach ging es aber acht Jahre lang schlimmer weiter als vorher. Daß seine Frau in dieser Zeit immer noch zu ihm hielt, bezeichnet er heute als Wunder.

Die Kinder bekamen auch mit, als ihre Mutter zum vierten Mal schwanger war. Die Eltern wollten das Kind aber nicht haben. Zwar hat diese Schwangerschaft die Mutter davon abgehalten, selbst ebenfalls alkoholabhängig zu werden, aber die sozialen Zustände waren katastrophal. „Da paßte einfach kein Kind mehr dazu", erinnert sich Annettes Mutter. „Als ich erfuhr, daß ich schwanger bin, habe ich mich sinnlos betrunken. Was sollten wir tun? Ein großer innerer Kampf begann. Wir entschieden uns, das Kind abtreiben zu lassen. Doch ich war mit dieser Entscheidung nicht zufrieden. In meiner Verzweiflung wandte ich mich an Gott und bat ihn, er solle mir helfen." Irgendwie, so berichtet sie, habe Gott ins Spiel eingegriffen. Einen Tag nach ihrem Gebet mußte sie in die Klinik zur abschließenden Untersuchung. Kurz bevor sie die Einwilligung zur Abtreibung unterschreiben sollte, rief sie der Chefarzt noch einmal in das Besprechungszimmer. Er sagte: „Wir können leider nichts mehr für Sie tun, es ist zu spät für eine Abtreibung."

In Windeseile verließ sie das Krankenhaus. Auf dem Heimweg weinte sie nur. Aus Glück, vor Freude oder aus Verzweiflung? Vielleicht eine Mischung aus allem. Heute sagen Alfred und Regina Neumann über ihr viertes Kind: „Unsere drei Töchter hat uns Gott geschenkt, aber unseren Martin, den hat er uns gesandt!"

Doch diese Sicht war nicht von Anfang an da. Kaum war Martin geboren, erlebten Annette und ihre Schwestern ein staatliches Trauerspiel mit. Weil ihr Vater immer noch trank, meinten die Behörden, drei Kinder seien genug für die Familie und steckten Martin in ein Kinderheim. Natürlich könnten die Eltern ihr Kind jederzeit zurückhaben. Der Vater müsse nur das Saufen sein lassen!

## Eine Familie wird geheilt

Leichter gesagt, als getan. Natürlich wollte Alfred Neumann seinen Jungen haben. Doch die Fakten sprachen eindeutig gegen ihn. Durch viele Rückfälle und Lug und Trug hatte er bei den staatlichen Stellen jegliche Chance verspielt. Unter seiner Akte stand ein roter Strich mit dem Vermerk: Medizinisch nicht rehabilitierbar.

Die Geburt von Martin hat die Familiensituation aber erheblich geändert. Jetzt merkte Alfred Neumann am eigenen Leibe, was er mit seiner Trinkerei anrichtete. Durch seine Mutter lernte er Dr. Richter in Elbingerode kennen. Er sagte ihm: „Sie müssen Jesus Christus suchen und finden. Er kann Ihre Probleme lösen." Der gläubige Nervenarzt ließ nicht locker. Daß er von dem in Aberglaube und Alkoholismus verstrickten Mann angeschrien wurde „Ich kann Jesus Christus nicht finden!!!", machte ihm nichts aus. Er sagte nur: „Ich werde Sie dorthin bringen, wo Sie ihn finden können."

„Dann kam Serrahn", erinnert sich Annette an diese Zeit. „Ich wußte gar nicht, wie alles kam. Ich wußte nur, Papi ist dort und will nicht mehr trinken." Die Familie durfte ihn in Serrahn mehrmals besuchen. Für die Kinder war es wie eine Fahrt ins Grüne. Wenn Schwester Gretel ihnen dort in den Kinderstunden etwas von Jesus erzählte, dann war das spannend und interessant. Annette entschied sich für ein Leben mit Jesus. Aber nicht nur sie allein, sondern die ganze Familie machte einen neuen Anfang. Martin durfte zu seiner Familie kommen und erwies sich als besonderer Segen für sie. Das war vor über 16 Jahren. Heute arbeiten Annettes Eltern in einer christlichen Gemeinde mit und sind in einer AGAS-Gruppe aktiv.

# PASTOR UWE HOLMER:

## *„Keine hoffnungslosen Fälle"*

Bis ein Mensch merkt, daß er alkoholkrank ist, dauert es oft sehr lange. Wer gibt schon gerne zu, daß er Probleme hat? Deshalb leugnen die meisten ihre Krankheit bis zu dem Punkt, wo sie den „Offenbarungseid ihres Lebens" leisten müssen. Es gibt auch Menschen, die ihre Trunksucht vor der Umgebung geschickt verbergen können. Sie kämpfen mit diesem Problem hinter verschlossenen Türen, am Wochenende in den eigenen vier Wänden. Aber letztlich geht es ihnen nicht anders als denen, die es nicht mehr verbergen können: ihr Zufluchtsort hat die Form einer Flasche!

Der christliche Glaube kapituliert nicht vor Menschen, die mit ihrem Leben nicht klarkommen. Er hilft, wie die Beispiele aus diesem Buch nachdrücklich belegen. Aber: Macht der Glaube alles gut? Hält dieser letzte Strohhalm in jedem Fall? Und wenn, warum gibt's dann auch in christlichen Gemeinden Menschen, die mit dem Alkohol nicht klarkommen? Haben sie vielleicht zuwenig Glauben?

## Es geht ums „Heil und Wohl“

Pastor Uwe Holmer ist im März 1991 in die Leitung des Diakonischen Zentrums in Serrahn eingestiegen. Von 1967 bis 1983 war er der Leiter der Bibelschule Falkenberg. Schon damals hat er Kontakte zur Arbeitsgemeinschaft zur Abwehr von Suchtgefahren bekommen. An den Mitarbeitern, die von dieser Einrichtung in Falkenberg zur Bibelschule gingen, faszinierte ihn der Eifer, mit dem sich diese Männer um Alkoholkranke kümmerten. Vor allem fiel ihm auf, daß hier der missionarische und diakonische Auftrag Jesu ganzheitlich zusammenkam. Heil und Wohl des Menschen standen auf der gleichen Ebene. Diesen Ansatz verfolgte Pastor Holmer ebenfalls. Von 1983 bis 1991 leitete er die Arbeit in Lobetal bei Berlin. Diese ursprüngliche Obdachlosenarbeit, die auf geistig Behinderte und Epileptiker ausgedehnt wurde, verfolgte ebenfalls die Heilung an Seele, Geist und Leib.

Uwe Holmer kam Ende 1989 in die Schlagzeilen, weil er den ehemaligen Staatschef der DDR, Erich Honecker, und seine Frau in seinem Haus aufnahm. Für ihn eine logische Folge seiner Tätigkeit: „Wir hatten in Lobetal am Eingang eine Plastik des einladenden Christus stehen. Darüber stand der Bibelvers: ‚Kommet her zu mir, alle, die ihr mühselig und beladen seid.‘ Wir hatten in diesem Punkt Farbe zu bekennen, daß wir Christen für Versöhnung eintreten.“

„Farbe bekennen“ – darum geht es auch in der Arbeit in Serrahn. Pastor Holmer, Heinz Nitzsche und ihre Mitarbeiter wollen ein Zeichen setzen: „Bei Gott gibt es keine hoffnungslosen Fälle.“ Die beiden Säulen der Arbeit in Serrahn lauten „Gemeinschaft“ und „Glaube“. Diese Kombination macht das Besondere aus. Während in vielen staatlichen Entziehungseinrichtungen den Menschen leider oft nur zeitweise geholfen werden kann, sieht die Erfolgsquote in Serrahn gar nicht so schlecht aus. Wie wird den Menschen in Serrahn geholfen?

Pastor Holmer: „Wir nehmen grundsätzlich nur Freiwillige auf. In so eine Einrichtung zu gehen, die als Alkoholikerarbeit bekannt ist, fällt den einzelnen natürlich nicht leicht. Sie haben eine enorme Schwelle zu überspringen. Oft geschieht das erst, wenn alles andere ausprobiert wurde. Aber egal aus welchen Motiven die Menschen hierherkommen, sie werden in unsere Lebensgemeinschaft aufgenommen. Wir möchten, daß sie Vertrauen lernen und sich angenommen fühlen. Sie sollen nicht nur in einen Heilprozeß eintreten, sondern auch in eine Lebensgemeinschaft. Wir helfen den Menschen allein schon dadurch, daß hier kein Alkohol getrunken wird. Außerdem versuchen wir mit ihnen neue Lebensgewohnheiten einzuüben."

**Das Leben muß ein anderes werden**

Wohl kaum einer möchte als Alkoholiker enden. Aber wann ist es soweit? Muß man erst als Betrunkener auf der Parkbank liegen oder seine dritte Entziehungskur hinter sich haben? Für die Mitarbeiter in Serrahn fängt der Weg zum Alkoholiker viel früher an. Sie empfehlen eine gute Selbstbeobachtung: Wer das Trinken von selbst nicht aufgeben kann oder nach wenig Alkohol ein unbezähmbares Verlangen nach mehr hat. Wer öfters von schwachen auf stärkere Getränke übergeht oder bei persönlichen Problemen immer wieder zur Flasche greift. Wer anfängt, häufig heimlich oder allein zu trinken, der ist ihrer Meinung nach stark gefährdet.

Das betrifft Menschen aus allen sozialen Schichten und auch aus allen Berufssparten. Es gibt keine typischen Alkoholikerlaufbahnen! Gerade auch verwöhnte Menschen landen beim Alkohol. Der Verlauf ist dann allerdings typisch: Mit jedem Mal wird es mehr, bis es sich zu einer Sucht steigert. Das Hauptproblem liegt darin, die Sucht zu erkennen. Viele lügen sich selbst etwas in die Tasche. Wenn es dann aber soweit ist, wie kann geholfen werden? Pastor Holmer meint, daß die Hilfe auf einer breiten Basis angelegt werden muß:

„Zunächst einmal geht es um eine Entwöhnung und Entgiftung. Eine alkoholfreie Umgebung ist wichtig. Die psychische Hilfe ebenso. Der Alkoholkranke muß in eine Gruppe kommen, wo er verstanden und aufgefangen wird. Wir als Christen möchten natürlich noch auf einer anderen Ebene helfen: Wir haben erfahren, daß Menschen, die sich Gott öffnen, geistliche Kräfte bekommen, die ihnen enorm helfen. Sie verändern die Persönlichkeit. Darauf legen wir Wert!"

Heinz und Martina Nitzsche ergänzen das noch, indem sie auf das Umfeld des Alkoholkranken verweisen: „Alkoholiker müssen erleben, daß man es ernst und ehrlich mit ihnen meint. Wichtig ist, daß man Enthaltsamkeit vorlebt." Hier liegt ihrer Ansicht nach der Knackpunkt, warum sich manche Christen so schwertun im Umgang mit der Alkoholsucht. Viele sind nicht bereit, selbst auf alkoholische Getränke zu verzichten. Darüber hinaus gibt es die unterschiedlichsten Ängste im Umgang mit Alkoholikern. Martina Nitzsche denkt da sehr praktisch: „Ich meine, man sollte ganz natürlich bleiben und einen normalen Umgang mit alkoholkranken Menschen pflegen. Da muß man auch nicht immer über ihr Problem sprechen. Sie werden von selbst darauf zu sprechen kommen, und dann kann man helfen."

**Zuviel oder zuwenig Glaube?**

Aber nicht allen wird geholfen. Die Liste derer, die Serrahn verlassen haben, ohne geheilt zu werden, ist lang. Warum ist das so? Pastor Holmer hat dafür folgende Erklärung: „Serrahn ist natürlich nicht jedermanns Sache. Es gibt auch Leute, denen es hier schlichtweg zu fromm ist! Oft liegt es aber auch in der Persönlichkeit des einzelnen. Mancher denkt, er sei frei, nur weil er ein paar Tage oder Wochen alkoholfrei gelebt hat.

Dann will er gehen. Wir halten ihn nicht. Wir haben manche hier gehabt, die sind zwei- oder dreimal gegangen. Nach jedem Rückfall kamen sie mit etwas vertiefter Haltung zurück."

Dazu bieten die vielen Besinnungswochen reichlich Raum. Selbst Menschen, die das Diakonische Zentrum verlassen mußten, können jederzeit daran teilnehmen. Wie gehen die Mitarbeiter mit den rückfällig gewordenen Menschen um? „Das ist gar nicht so schwer", sagt Uwe Holmer. „Wir kennen das ja an uns selbst, was es heißt, Fehler zu machen. Wir sind genauso auf die Vergebung und auf Liebe angewiesen. Die Bibel sagt, daß die Liebe Gottes ausgegossen ist in unser Herz. Diesen Dienst hier in Serrahn kann nur einer tun, der etwas von der Liebe Gottes begriffen hat. Natürlich kommen hier Menschen ganz kaputt an. Aber wir erfahren auch, daß Menschen, die vor ein oder zwei Jahren so kaputt hier angekommen sind, ganz anders und neu geworden sind. Deshalb können wir auch Menschen, die uns vielleicht nicht auf Anhieb sympathisch sind, lieben. Wir sehen sie so, daß auch aus ihnen etwas Gutes werden kann."

Macht der Glaube alles gut? Müssen die Menschen nur Christen werden und sind augenblicklich von ihrer Sucht befreit? Uwe Holmer sieht das anders: „Das würde von uns keiner sagen! Wir kennen auch Menschen, die haben so schwer mit ihrer Sucht zu kämpfen, daß sie immer Rückfälle erleben. Und das, obwohl sie zum Glauben gekommen sind! Trotzdem setzt der Glaube an Christus Kräfte frei. Wenn hier einer sechs Wochen oder sechs Monate alkoholfrei lebt und dann wieder mal reinpurzelt, so ist auch diese Zeit für viele schon ein gewisser Erfolg. Aber das Ziel kann nur sein, daß er keinen Tropfen Alkohol mehr trinkt." Mit der Qualität seines Glaubens hat das nichts zu tun. Menschen, die Alkoholiker kennen, sollten daher ein gutes Fingerspitzengefühl entwickeln. Jeder Christ kennt doch selbst die Situationen und die Gebiete, in denen er immer wieder reinfällt. Ehemalige Alkoholiker machen da keine Ausnahme. Vielleicht wird es bei ihnen nur offensichtlicher ...

**Das Problem christlicher Gemeinden**

In christlichen Gemeinden werden Alkoholprobleme nicht selten unter den Teppich gekehrt. Weil nicht sein kann, was nicht sein darf, versuchen manche Christen, über derlei Dinge möglichst zu schweigen. Das führt aber betroffene Menschen nur noch stärker in die Isolation. Viele Familien mit Alkoholproblemen ziehen sich zurück und pflegen keine Kontakte. Wenn diese Hürde nicht von außen genommen wird, kann ihnen nicht geholfen werden. Heinz Nitzsche sieht es mit Bedauern, daß manche christliche Gemeinde immense Probleme mit Randgruppen hat: „Ich denke, christliche Gemeinden müßten anziehender nach außen wirken. Sie sollten Nestwärme vermitteln. Die Distanz zu den Menschen muß aufgelöst werden."

Wie das geschehen kann, dafür ist die Arbeit in Serrahn ein positives Vorbild. Nicht nur dort wird Menschen mit Alkoholproblemen geholfen. In vielen Städten in Deutschland gibt es Christen, die sich um Menschen mit diesen Schwierigkeiten kümmern. Sie wissen, daß der oben genannte Satz stimmt: Bei Gott gibt es keine hoffnungslosen Fälle! Die Menschen, deren Geschichten in diesem Buch stehen, sind der lebende Beweis dafür.

Jo Scharwächter
**Halleluja-Jo**
*Vom Zuhälter zum Heilsarmee-Offizier*
*Paperback, 88 Seiten, ISBN 3-87067-366-4*

Das Leben hat ihn nicht verwöhnt. Er hat es aber auch erlebt wie sonst kaum einer: Joachim Scharwächter, genannt Halleluja-Jo. Schon als Kind kommt er mit dem Gesetz in Konflikt, wird von einem Heim ins andere geschoben. Der „Holländer-Jo", wie man ihn in einschlägigen Kreisen nennt, wird eine der gefürchtetsten Figuren der Unterwelt. Als Zuhälter fällt es ihm nicht schwer, sich Frauen gefügig zu machen. Mit seinen Fäusten verschafft er sich sein Recht. Der Alkohol fließt in Strömen. Der Knast wird zur zweiten Heimat.
Ausgerechnet dort erlebt Jo seine Lebenswende. Gott kriegt den harten Burschen klein. Aber es ist nicht das Ende, sondern erst der Anfang: Aus dem Holländer-Jo wird der Halleluja-Jo, aus dem Ganoven ein Evangelist.

Uli Schulte
**Der letzte Schuß**
*Ende meiner Drogenkarriere*
*Paperback, 80 Seiten, ISBN 3-87067-430-X*

Uli ist ein schwieriges Kind: labil, ohne Selbstvertrauen, ohne Orientierung. Die Anerkennung holt er sich übers Trinken, die Orientierung bei den Propheten von Flower Power und indischer Mystik. Er schwimmt auf jeder Welle mit. Zum Alkohol kommen Medikamente, Haschisch, LSD. Dann Heroin. Vom ersten Schuß an ist er süchtig.
Es folgen Jahre der Erniedrigung. Mit zwanzig ist auch die Leber kaputt. Der Arzt gibt Uli noch ein halbes Jahr zu leben. Eine ganz normale Drogenkarriere – nähme sie nicht ein völlig untypisches Ende . . .

Claudia Eggert/Jo Scharwächter
**Das Mädchen mit dem kalten Blick**
*„Ich war ein Gruftie"*
*Paperback, ca. 64 Seiten, ISBN 3-87067-477-6*

„Der Friedhof war der einzige Ort, der mir Ruhe und Frieden gab. Ich saß auf den Gräbern und fing an, mit den Toten zu reden." Claudia Eggert war ein Gruftie: Kalkweiß geschminkt, schwarz gekleidet, Stirnband mit einem Totenkopf. Als Bürgerschreck läuft „das Mädchen mit dem kalten Blick" in ihrer süddeutschen Heimatstadt herum. Mit Schule, Beruf, dem ganzen bürgerlichen Kram hat sie Schluß gemacht. Die Totenwelt fasziniert sie mehr als das Leben. Was folgt sind Drogen, Parapsychologie, Okkultismus – und Verzweiflung.
Aber der Teufel hat nicht das letzte Wort. Als Claudia von Jesus hört, wird es hell. Ein neues Leben beginnt, das echte Leben . . .

Maureen Sims
**Süchtig nach Liebe**
*Mein Weg aus Hörigkeit und Prostitution*
*Paperback, 168 Seiten, ISBN 3-87067-474-1*

„Ein Leben lang war ich süchtig gewesen nach vollkommener Liebe – bis ich merkte, daß kein Mensch mir das geben konnte, wonach ich mich sehnte."
Fast wäre es zu spät gewesen, als Maureen Sims zu dieser Erkenntnis kam. Einsamkeit und Selbstzweifel, Sex, Alkohol und Drogen hatten sie bis an den Rand des Abgrunds getrieben. Als sie schließlich von ihrem eigenen Mann zur Prostitution gezwungen wird, sieht sie nur noch einen Ausweg: „Schluß machen."
Doch es kommt anders: Maureen Sims kommt in Kontakt mit Christen, und ihr Leben wird von Grund auf verändert. Sie versöhnt sich mit ihrem Mann, wird von einer schweren Krankheit geheilt und überwindet ihre Selbstzweifel.

Brendow
erlebt!